「でもでもだって」ちゃんの成功法則

ネガティブを活用して、驚くほど幸せになる

ほめ育コンサルタント
児玉ゆかり

推薦の言葉

ほめ育グループ 代表　**原邦雄**

　ゆかりさんは、人生の様々な試練を乗り越え、ネガティブな状況を自らの成長の糧とし、見事に自己肯定感を築いてきました。その力強さと前向きな精神は、彼女の人格を形成する基盤であり、その生き様は多くの人々に勇気と希望を与えています。

　彼女は、ただ口先だけで理想を語るのではなく、日々「やるべきことをやる」という強い意志を持ち、地道な努力を惜しまず、着実に成果を積み重ねてきました。

　その姿勢こそが、彼女の信念と情熱を裏付けるものであり、多くの人々が共感し、尊敬する理由です。

　今まで生きて来た経験と知識を通じて、より多くの人々に前向きな生き方を伝える活動に取り組んでいます。彼女が推進するプロジェクトは、単なる表面的な成功を追求するものではな

推薦の言葉

く、真に人々の心の成長と幸福をサポートするものです。

　彼女の柔軟な発想と確固たるビジョンは、私たちが心の豊かさを取り戻し、他者を尊重し支え合う社会の実現に向けた大きな一歩を踏み出す原動力となることでしょう。

　読者の皆様にお伝えしたいのは、彼女の素晴らしいところは、どんなに困難な状況でも自己を肯定し、ポジティブに進む力と、それを周りの人々にも分かち合う大きな心をお持ちだという点です。ゆかりさんには、私たちが見過ごしがちな小さな幸せや喜びに気づかせてくれる不思議な力があります。

　この推薦文を通じて、彼女の熱い思いと情熱が皆様に伝わり、少しでも彼女の考えや活動に共感していただければ幸いです。

はじめに

あなたの人生は
もっと簡単に、思い通りに変えていける

初めまして、児玉ゆかりです。

「やっぱり、また、失敗した」
「やらなきゃいけないけれど、やる気が出ない」
「あ〜あ、いつも本当についてない」
「どうせ誰も自分のことを分かっちゃくれない」

　こんなふうに思ってしまうことはありませんか?

「もう、こんな自分なんて嫌い!!」
「誰かが自分を理解して優しくフォローしてくれたらいいのに……」
「周りの人のせいにしても仕方ないけど」
「こんなことを思う自分を変えたい」

　このように自分をネガティブに評価し、反省会を開いたり、自分を責めて嫌いになったり、逆に周りの人を責めたりして

はじめに／あなたの人生はもっと簡単に、思い通りに変えていける

気まずい思いをしていませんか？

　はい、しています！　というあなたに一言申し上げます。

ネガティブ上等!!

です。

　えっ、どういうこと？　と思ったでしょうか。

　本書は**あなたのネガティブを最大限活用して、人生を思い通りに生きる方法をまとめた本**
です。

　そもそも、人間がネガティブの感情を持つのは当たり前です。

　その当たり前に持っているネガティブを味方につける「**逆発想力**」と、ネガティブをポジティブに変換する「**置換力**」を身に付けると、人生はガラリと変わっていきます。

　また、ネガティブに傾いちゃう自分だって当たり前で、「そんな自分って可愛いな〜」なんて思えるように変われたら、もう怖いものなしです。

5

ネガティブなことを繰り返してしまう理由はたった１つ。

「言葉」の使い方！

これだけです。

うまくいかない人は、うまくいかない言葉を無意識に使っています。

誰しも、本当は数えきれないほどのうまくいく言葉も、うまくいく方法も知っているのだけれど、うまくいかない言葉がじゃまをしてしまうのです。

そんな話をなぜするのかを、ここで少し解説しますね。

実は、私は看護師を長年していました。かれこれ40年になります。そのうち後半の10年ほどは看護専門学校の教員として教え、起業後も外部講師として講義を続けていました。

看護師として働く中で、のべ約34万人の脳梗塞や脳出血などの病気の方や脳に異常が起きる難病患者と接しました。

中には、病気により**できないはずの「動き」が不思議とできるようになる**患者様がおられました。それは**個々の方にひ**

びく**「特定の言葉」に起因している**ことに気づきました。そのことから、**使う言葉とできる行動との関係性に注目して自分なりに研究をし始めたのです。**

　ポイントは相手のしてきたことをそのまま受け止め、肯定する言葉がけでした。

　例えば、寝たきりで話せないと言われた関西の元経営者に、週に３回ほど、阪神タイガースの話をしたり、タイガースの応援歌「六甲おろし」に関する言葉がけをしたり、また、一緒に歌いましょうと誘ったりしました。すると、２か月後には、座って半分ほどを一緒に歌えるようになったのです。

　また、同じ時期に重度の認知症と言われた酒造メーカー創始者へ「○○酒造さんのレストランはとてもいいメニューとお酒を置いていますね」などとお伝えすると、酒蔵運営の話をし出し、座ることも可能になりました。

　そのような事例は数えきれないほど体験しています。

　また、教員として実習や講義を通してのべ3000人の看護学生に行った「信頼されるコミュニケーション」の指導では、話し手の「言葉の使い方」によって患者様の**気持ちや行動**に大きく変化が現れるという点に注目して教えていました。

・患者さんが使う言葉はネガティブでもすべて明確に受け止める。

7

・語尾・表現などを全く変えずに復唱する。

　この2点です。

　例えば、「もうだめだ……」と言われたら、「もうだめだと思っていらっしゃるのですね」とそのまま受け止めます。「しんどかったのよ」「おはぎを食べた」と言われたら、「おつらかったのですね」や「甘いものがお好きなんですね」などと変換せず、「しんどかったのですね」「おはぎを食べたのですね」とそのまま復唱します。

　それだけのことなのに、最初、患者様から「あの看護学生さんが来ると疲れる」と言われていた学生さんは、実習が終わるころには、患者様からの印象が大きく変化していました。

　担当する患者様から「あなたがいてくれたから頑張れた」や「あなたと会えなくなるのが寂しい」と泣かれるほど、信頼される看護師の卵となっていったのです。

　そんな学生がたくさんいました。

　つまり、誰にでも「使う言葉」で周りの人の行動を変えられるのです。

　当然、あなた自身は自分の言葉を一番近くで聞いています。ですから、あなた自身を変えることも簡単なのです。

そうはいっても、「どんな言葉」を「どんなふうに使えば」
いいのか分かりませんよね。

この本では以下の順番と視点でまとめました。

Chapter 1　どうして誰もがネガティブな言葉を使ってしまうのか？

Chapter 2　本当にポジティブに変わることはできるのか？

Chapter 3　その効果を出しやすくする方法は？

Chapter 4　お悩みごとに結果を出せるワーク

日常的に取り組んでいただきやすいよう、Chapter 1〜3は親しみやすく、またあなたの脳が受け入れやすいようにと考えて、私と生徒との会話形式で書かせていただきました。

この本を読み、ワークを終えるころには
・自信がつく
・運が良くなる方法が分かる
・お金のことで悩まなくていいと分かる
・時間のつくり方が分かる
・新しいことをどんどんやってみたくなる
・続けたいことが分かる

・人とスムーズに話せるようになる
・自分の思いをうまく伝えたり、行動できる
・やるべきことをスムーズに実行できる
・自分で自分をご機嫌にできる
・周りの人と仲良く役割分担できる

とポジティブな状態になっていることでしょう。
　ワークを続けていくと、どんなトラブルやハプニングが起こっても、つい
「さあ〜、これどうするぅ〜？？（笑）」
「今度は、どう解決してみる〜（笑）」
と超ポジティブ思考の自分に変わっていくはずです。
　そんな自分に驚くかもしれません。

　そして、
もっともっと豊かな暮らしがしたい！
本当は叶えたい夢がある！
海外で暮らしてみたい！

　という、願いや望みすら自然と「叶えられそう!!」と思える自分に変わっていることでしょう。

はじめに／あなたの人生はもっと簡単に、思い通りに変えていける

　Chapter4 のポジティブタンクワーク集は、あなたに必要なところだけをピックアップして読んでいただいてもいいですよ。

　ゲーム感覚で楽しく取り組んでみてください。

　あなたは、本当はどんな素晴らしい人なのでしょう？
　わくわくしますね。
　さあ、あなた探しの旅にいってらっしゃい！

目次

推薦の言葉 ……………………………………………………………… 2

はじめに ………………………………………………………………… 4
あなたの人生はもっと簡単に、思い通りに変えていける

Chapter 1　ネガティブって当たり前なんよ ……………………… 17
み〜んな、ネガティブなんだって
本能は「ネガティブの仕組み」の源
ネガティブになる理由　①防衛本能
ネガティブになる理由　②恒常性
よくある「変化させない」出来事は？

Chapter 2　知ってる？ポジティブは誰でも標準装備なん …………… 33
み〜んな、ポジティブなんだって
ポジティブ脳の得意技とは？
自分の夢のために頑張ってくれるポジティブ脳
夢を叶えるインプット　①知らん間に仕入れる
夢を叶えるインプット　②意識的に仕入れる

Chapter 3 意識のタンクで人生だって自由自在やよ！ ……… 49

意識はタンクの中にある

ネガティブタンクとポジティブタンク

ポジティブタンクは、こう作る！

Chapter 4 ポジティブタンクワーク集 ……… 61

ワークの始め方 ……… 62

感情編

友 嫌なことがあって、モヤモヤしちゃう！！ ……… 64

一人二役ワーキング

語 書 お金がないと悩む ……… 66

「ない」を「ある」に変えるワーク

書 時間がないから何にもできない ……… 68

時間がワクワク（湧く湧く）ワーク

友 どーんと落ち込んで何もやる気が出ない ……… 70

優しくお手当てワーク

友 あ～、もうあの人ムカつく！と頭から離れない ……… 72

ムカムカちゃん、ポイポイ

友 すぐに「この人嫌い！」と思ってしまう ……… 74

レッツ、真実を探せ！

友 ちゃんとやらなきゃ！　と思うのに体調が悪くなる ………… 76
全身スキャンワーキング

友 またやっちゃった〜、なんでこうなんだろうと思う ………… 78
これって最大のチャンス！ ワーク

書 自分のことを好きになれない ………………………………… 80
好きなもの、な〜んだ？

書 慣 ついつい人のあらさがしばかりして、嫌になる ………… 82
１日１人いいとこ探しワーク

友 意見を言われると、ついムカッとしてしまう ………… 84
こいこい！　素直くん

書 なんだかモヤモヤして、スッキリしない ………… 88
モヤの森へようこそ！

口ぐせ編

書 「でも」「だって」とつい言っちゃう ………………… 92
「でもでもだって」ちゃんの卒業式

書 「私なんて」と言いがち ………………………… 94
「私ってやるやん！」ワーク

友 「やっぱり」「また」「どうせ」とよく言ってしまう ………… 98
やっぱり「できちゃった！」ワーク

書 「しっかりしなきゃ」と自分に言い聞かせちゃう …………100
お前はすでに「しっかりしている」1

書 「分からない」「できない」と口にする ………… 104
お前はすでに「しっかりしている」2

友 「やらないとダメだと分かってるけれど」とよく言う ………… 108
やるも、やらないも選ぶ権利がある

夢編

友 夢なんてどうせ叶わないと思う ………… 112
夢は叶うためにそこにある

友 チャンスに恵まれない ………… 116
幸福の女神には長い後ろ髪もある

友 やりたいことは、無理だと諦めている ………… 118
床下収納ワーキング

人間関係編

書 人が嫌いじゃないけど、人と話すと疲れる ………… 122
比べっこやーめた!!

友 書 人に嫌われたくなくて、自分の意見が言えない ………… 126
好きポイントを探せ!!

友 影が薄い自分がなんだか嫌 ………… 130
オーラUPワーク 6パターン

友 ついつい誰かのせいにしてしまう ………… 134
ラッキースイッチ! 押してみよう!

書 誰も自分のことを分かってくれないと思う ·············· 138

主役は私！　オープンハートプチRPG

書 私ってダメなひと、嫌なやつだと思う ·············· 142

原石さがしの旅へ行こう！

家族編

友 子どもを愛したいのにどうしても好きになれない ·········· 146

小さな自分ワーキング

語 **書** 家族の中で自分だけ損している気がする ·········· 150

できるのだーれだ？　ゲーム

友 家にいると楽しくない（帰りたくない症候群） ·············· 152

ポイポイ・ポンデちゃん！

仕事・お金編

友 **慣** 仕事は日々こなしているだけ ·············· 154

五感設定ワーク

友 仕事は「食べていくため」でやりがいがない ·············· 156

1文字違いで大違い

友 大切なのはお金じゃないが口ぐせで、お金に恵まれない ········ 158

お金と品よく仲良くなるワーク

おわりに ·············· 160

書籍ご購入特典 ·············· 162

Chapter1

ネガティブって
当たり前なんよ

ゆかり先生
言葉で人生を変える専門家。関西育ちでどうしても関西弁が抜けません。

人物紹介

ネガ子さん
ゆかり先生の生徒さん。自分のネガティブさを変えたいと思っています。

み〜んな、ネガティブなんだって

「はじめに」でも説明したけれど、ネガティブになるのって、本当はとっても自然で当たり前のことって話の続きをしてみるね。

はい、ゆかり先生、とっても知りたいです！

例えばね、ネガティブになるときって、「うまくできへんかった」「やらな、いかんって分かってるのにできない」「途中でやめてしもた……」なんてことがきっかけで、そんな自分のことを「許せへん‼」とか「やっぱり自分ってダメだわ……」なんていう**感情**に襲われちゃってない？

Chapter1／ネガティブって当たり前なんよ

そうそう、そうなんです。自分を責めちゃいます。

だよね。でも、み〜んな、ネガティブなんよ。なんで、そんなにネガティブになっちゃうのだと思う？

えぇっ。なんでだろう。

それにね。そもそも、私たちってネガティブになっちゃ、あかんのかしら？

むむ。ネガティブになるのは、ダメでしょう。

ネガ子さんもそう思うよね。なんで、わざわざそんな「ネガティブな仕組みになってるん？」って思わない？あんまりお得なこともない感じするのにね。

確かに。

そのネガティブな仕組みについて、考えてみようね。

本能は「ネガティブの仕組み」の源

ネガティブの仕組みにはね、動物が先天的に持っている一定のパターンで繰り返される行動の仕方、つまり「本能」が大きく関係してるの。
マズローの法則を使って本能の説明をしていくね。

Chapter1／ネガティブって当たり前なんよ

マズローの法則（5段階欲求）は、人間の基本的な欲求を5段階に分けたもので、左の図の通りでね。

あれ？　6段階ありますね。

そうそう。下から順番に
1段階：生理的欲求
2段階：安全欲求
3段階：社会的欲求
4段階：承認欲求
5段階：自己実現欲求　となってるのね。
そして、5段階のその先に、自分を超えた「自己超越」があるって言われているのね。

1段階目の生理的欲求って、どんなものですか？

まず、**人間の三大欲求である「食欲」「睡眠欲」「性欲」**ね。
それに加えて「**呼吸**」「**排泄**」「**体温**」という、身体機能を保つために必要な最も基本的なことが入っているの。

食欲　睡眠欲　性欲

呼吸　排泄　体温

 この6つのすべてが、動物と共通している「本能そのもの!!」で人の力では変えられないネガティブシステムなのよね。

 えぇっ。本能そのものが、ネガティブシステムとは驚きです！

 そうなの。このネガティブシステムは命を守るための強力なシステムで、毎日、どんなときも必死のパッチであなたを守り続けるために24時間、働き続けているんよ。

Chapter1／ネガティブって当たり前なんよ

どうやって守っているのですか？

大きくは、2つに分けられるんよね。1つ目は、「防衛本能（＝身の守り方）」で、2つ目は、「恒常性」なの。ゆっくり説明していくね。

ネガティブになる理由　①防衛本能

動物と一言で言ってもいろんな種類がいるやん。ネガ子さん、動物っていうと、何を思い浮かべる？

ライオン、トラ、チーター、シマウマ、ヒツジ、シカ、ウサギ、リスとか？

おー、いっぱい出てきた。
今回は、防衛本能として、3種類に分類してみるね。

23

第１のグループ：攻撃チーム

特徴：鋭い爪・強く尖った牙を持つ強い動物。
　　　ライオン・トラ・バッファローなど。

第２のグループ：集団防衛チーム

特徴：個体では弱いが強い脚力などで、子どもや弱
　　　い個体をみんなで守る。
　　　シマウマ・ゾウなど草食動物。

第３グループ：逃げるかすくむチーム

特徴：強い牙・爪・角や脚力がない。
　　　ウサギ・リスなど。

さあ！　人間は、どのグループだと思う？

うーむ？
人間は、逃げるかすくむチーム？

大正解！
だからね、何かしようとしてやめてしまったり、怖くて取り組めないってことが起きたりするんだよね〜。

Chapter1／ネガティブって当たり前なんよ

 あ、そうか〜！　なるほど！

 まあ、あらかじめそういう設定が入っていて、持ち合わせているんだってことなんよ。

 つまり、ネガティブなのは、自分のせいじゃないんだ。

 そうそう。個人の資質や誰かの思惑で逃げないように、すくんでしまわないようになんて簡単には変えられるものではない!!　ってことなんよね〜。

 なーんだ、もともと逃げたり、すくんだりするものだったのですね。

 人であるかぎり「み〜んなネガティブ」で当たり前なん!!
あなたのせいでも周りの誰かのせいでも絶対ないんやから気にせんでいいんよ〜!!

ネガティブになる理由 ②恒常性

2つ目のネガティブシステムの恒常性の話をするね。

恒常性? どこかで聞いたことがある気がします。

最近、結構ネットとかでも知られてきてるから、聞いたことあるかもね。
恒常性って、ホメオスタシスとも言って、「生物が内部の環境を一定の状態に保ち続けようとする仕組み」なんよね。

むむ? いきなり難しくなりました!

あら、ごめんなさい。分かりやすいのが「恒温動物」の体温調節機能やね。

あ、体温調節ですか!

私たち人で考えてみてね。寒いときって鳥肌が立ったり、筋肉でのエネルギー燃焼率が高まってきたりするし、自然と「温かいものを飲みたい:内部加温」「温

泉につかりたい：外部加温」「暖かい服を着たい：保温」などという行動が促されて体温を保とうとしたりするよね。
（ちなみに鳥肌は、人間の全身が長い毛でおおわれていた時代に毛を逆立てて毛の間に空気をため込んで保温していた頃の名残。今はあんまり役に立っていないらしい）

そして夏の暑い時には、汗腺が開いて「ドバっと汗をかく：蒸発」、大気に触れやすいように「半袖やゆるみのある服を着る：対流」「風にあたる：拡散・放散」「冷たいものを触ったり、飲んだりする：物理的伝導」を使って体温を下げて平熱を保とうとするよね。

 体温を調整していますね！

 皮膚・お腹の内臓・腹壁（お腹の壁）・大きな血管の壁には35.0度くらいで興奮が最大になるセンサーがあって、体内温度の低下や上昇を防いで、平常温度に保つ工夫をしてるのね。そのおかげで身体の中心部分は37.0度前後に保たれてるってわけよね。

そうなのですね。だから保たれてるのか〜。

 体温以外にも、汗をたくさんかいた後は、塩気のあるものが食べたくなったりするやん。

 確かに！　頭をたくさん使う作業の後は、なぜだか甘いものが食べたくなったりもしますよね。

 そうそう。それって、体温と同じように身体の中の足らなくなったものに気づいて、元の状態に戻そうと調節しようとしているってことなんよね。

 なるほど！

 根本的にはそのシステムが働くことで動物として「命を守る＝生命保持」、もっと大きく言うと**種の保存のための重大システム**なんよね。

 そうか、命を守るために働いている大事なシステムなのですね。

Chapter1／ネガティブって当たり前なんよ

そう。でも、ほんまは、それだけじゃないんよ。このシステムの作動基準は「**変化しない**」「**変化させない**」ことでしょ。体温とか食べものとかだけじゃなくてね。私たちのやる気とか行動とかも変化しないようにしちゃうんよね〜。

え？　やる気まで変化させないんですか！

そうなんよ！　許される変化は、身体的成長だけやね。それは、遺伝的に刻まれているものやし、**すでにプログラムされているもの**なのだし成長しないと成熟して子孫が残せないから**変化が許される**んよね。

確かに、身体の変化と成長は、してくれないと困りますね。

そうなんよ。でも、その他の心理的成長、社会的成長、経済的成長なんかに関しては、このネガティブシステムは作動してしまうって思ってくれるといいかな。

29

よくある「変化させない」出来事は？

あのね。こんな経験ないかな？ すっごくいい本読んだときに「これで、私変われそう!!」って思って書いてあることをやってみるんだけど、三日坊主で終わっちゃったこと。

わぁ、あるあるです！

他にもね、「素敵なセミナーや講座と出会ったとき」「指導力のある素晴らしい人と出会ったとき」「これならやれそうと思うダイエットに出会ったとき」など、それぞれの出会いで「わ〜、これなら変われそう!!」と思った瞬間から、もれなく**ネガティブシステムは発動**するんよ。

ガーン。変われそう！ と思った瞬間からだなんて……。

そう思った瞬間から脳の中では「変化が起きるぞ！ 気をつけろ！」「動くと危ないぞ！ 止めさせろ！」とまるで緊急システム作動とばかりストップをかける

30

対策が練られるんよね。

 もしや素敵な本を読んで実行に移せないのも、セミナーや講座で学んでやる気が出ないのも、このせいですか？

 そうそう。急に体調が悪くなったり、家族のための大事な用事ができてしまったり。素敵な人と会おうとしてもタイミングを逃したり会いに行く手段やお金がないと感じたり、ダイエットも続かなかったりするんよ。

 ネガティブシステムが正常に働いただけなんですね！

 あなたがダメな人なわけでは、**絶対にないんよね！ ここ重要だから、まとめるね！**

変われそうなときに
・実行できない
・やる気が出ない
・肝心な時に体調を崩す

- 忙しくなる
- お金が無くなってしまう
- ダイエットが続かない

それは、あなたのせいでも周りの誰かのせいでも絶対にない！

あなたの命もあなた自身も、ちゃんと本能に守られている証拠。

 わお、ネガティブ上等 !! ですね。

 そうそう。

 でも、何もしないといつまでも変われないですよね？
どうしたらいいのでしょう？

 ここで、朗報です !!
実はね、こっそり教えてあげるね。
人には、ポジティブも標準装備されてるんよ !!

Chapter2

知ってる？
ポジティブは
誰でも
標準装備なん

み〜んな、ポジティブなんだって

実は、ポジティブは誰でも標準装備なんよ。

Chapter 1と言ってることが違うじゃないですかぁ。

あはは。ほんまのこと（本当のこと）言ってる？　って怪しくなってきたかな？
実はね、ネガティブをつくり出す脳の担当とポジティブをつくり出す脳は、担当が違うんよね。

脳もいろいろ役割があるんですね。

そもそも不思議に思ったことないかな？　どうして人だけが自然の中にないビルやガラスや飛行機なんてものまで加工してつくり出せちゃうんやろ？

他の動物は生命を保つためか種の保存のためにしか文化が存在しないですよね。

なぜ、私たち人は、命や種の保存と関係ない文化を生み出すというところまで独自の進化ができたんやろうね？
（文化と進化は違うとして、論文などで論争もあるみたいだけど、本著の中では文化は進化の一部として扱っちゃいますね）

人だけが、哲学、アート、科学や宗教など独自の文化を持っていますよね。動物とはどこが違うのでしょう？

それはね。人だけが特別に発達した**超ポジティブ機能**があるからなん。

ポジティブ脳の得意技とは？

 人には前向きになるためのシステムがあるの。**その名も前向きな前頭葉さん！**

 わは。ゆかり先生、そんな冗談言って〜。

 いえいえ、本当の話なの。私たちの脳の一番手前の額のあたりにある前頭葉ってところには、ポジティブの種がたっぷり仕込まれてるんよ。

 これ、あのポジティブマン代表の松岡修三さんみたいですね。

 松岡修三さんだけに備わってるわけじゃなくってね。人類、み〜んなの標準装備なん！！
本当はね。誰でも、本質的に、み〜んなポジティブなんやって！

 ポジティブ脳ってどんなものなのですか？
理系の言葉が続いて、理解できるかしら〜。

Chapter2／知ってる？ポジティブは誰でも標準装備なん

できるだけ、分かりやすくするからしばらく付き合って！　ポジティブ脳のある場所はね、簡単に言うと、あなたのおでこのとこね！　そこにあるのが前向きな前頭葉なん。

おでこなんだー!!

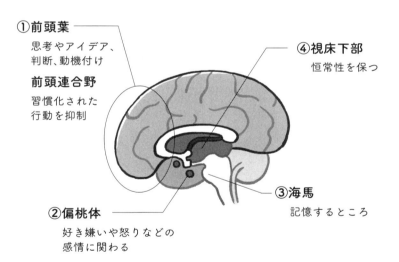

①**前頭葉**
思考やアイデア、判断、動機付け

前頭連合野
習慣化された行動を抑制

④**視床下部**
恒常性を保つ

③**海馬**
記憶するところ

②**偏桃体**
好き嫌いや怒りなどの感情に関わる

脳には部位によって色んな機能とか役割があるんよ。例えば……

- 「生きていく」
- 「たくましく生きていく」
- 「うまく生きていく」
- 「(より)よく生きていく」

(武田克彦氏 第40回 日本高次脳機能障害学会 学術総会 会長 講演より)

 この中でもポジティブ脳(前頭葉)の担当は「(より)よく生きていく」なんよ!!

 わお、ポジティブ!

 例えてみるとね、ダイエットを頑張ろうとするときとか、新しいチャレンジをするときにね、こんな風に思ったりするんよ。

Chapter2／知ってる？ポジティブは誰でも標準装備なん

●「動機付け」をする
「やせたらどんな服を着て彼とどこに出かけようか？」と、○○のためなら頑張れると考える。
●「思考やアイデア」を膨らませる
どうやって新しいチャレンジがうまくいくようにしてみようかと考える。
●「判断」する
頑張っている途中で、今うまくいっているかどうかの基準を決めて、この後どうするかを決める。
●「感情の位置づけ」、やる気まんまんになる
「やせたら、どれだけ嬉しいか」と考えてイメージしてみる。

やりがいがあって、個性的でちゃんと決断だってできちゃって……なんて人生を**味わい深くイケイケ**にしてくれるためのシステムがギューッと詰まっている感じなんよ！

なかなか、イケてるシステムじゃないですか！

このポジティブ脳の力を上手に使って、人は独自の文化をどんどんつくり出せちゃったんよ〜。この脳すごくない？

自分の夢のために頑張ってくれるポジティブ脳

 さーて、このポジティブ脳だけど、あなたやったら、どんな風に使いたい？
ちょっとストーリーにしたから自分に置き換えて、考えてみてね。

☆ポジティブ脳発動ストーリー☆

　ある日、ポジ子ちゃんは、テレビの秋のグルメ特集番組で、超絶おいしいスペシャルケーキをめっちゃおいしそうに食べる子どもたちの笑顔を見ました。
「私もパティシエになって、子どもたちをこんな笑顔にしてみたいな〜」

その思いをポジティブ脳（以後、ポジ脳と略します）は「な〜るほど、ポジ子ちゃんは、パティシエになりたいんやな」と**判断**し、「子ども」「笑顔」という言葉たちを情報として仕入れ（インプット）をしました。

ポジ脳は「これ、ポジ子ちゃんにとっていいか？悪いか？」と、たっぷりある情報を駆使して、**判断**してみました。

［その検索結果］
パティシエ：おいしいものをつくる人、尊敬される仕事
子ども：可愛い、愛される、守るべき存在、未来の宝
笑顔：幸せの象徴、優しさ、自分も人も幸せにする

よし！　これは、ポジ子ちゃんがそのことを考えるたびに「嬉しそう」やし「世の中の子どもたちが笑顔になるのもええよな」とみんなにとっていいんちゃう！　と**判断**しました。

そして、ポジ子ちゃんが、これから頑張る**動機付**

41

けにしてあげよう!　と決めました。

　ポジ脳はポジ子ちゃんのために、どうしたら夢を叶えてあげられるかという**思考、アイデア**を脳全体の仲間たちに「なんかええ情報ない?　ポジ子ちゃんの夢叶えてあげたいねん」と働きかけました。

　そのポジ脳の働きかけに応えて、五感を駆使していい言葉やいい情報を積極的に取り入れたりしてみました。

　そして、ニューロンくん(脳を構成している最小単位の神経細胞)は、「よーし、いっちょポジ子ちゃんの夢用のネットワークつくろっか?」と、別のニューロンたちと繰り返し連絡を取り合いました。
　夢のために新しいことを考え出したり、実行したりするために、必要な新しい脳のネットワークを毎日つくり続けてくれました。

　その結果!!　少し時間はかかったけど、**それまでにはなかった、新しい夢のためのポジティブシステム**ができ上がったのです。

Chapter2／知ってる？ポジティブは誰でも標準装備なん

> ポジ子ちゃんは夢のパティシエになるための参考になる本を見つけ出してケーキ作りの勉強をしたり、素晴らしい師匠をみつけて修業をしたりして、夢を叶えましたとさ。

 どうどう？　このストーリーはポジ子ちゃんだけの話じゃなくてね。自分のために頑張ってくれる、この素敵なポジ脳システムは**誰にでも標準装備されてる**んよね‼

 えっ、すごいです！

 それって誰でももれなく、絶対的に進化、成長できるってことだもんね！

ポジティブ上等‼だよね。

夢を叶えるインプット ①知らん間に仕入れる

ポジ脳システムはね、情報の仕入れから始まるんだけど情報の仕入れ方には、2つあるんよ。
1つ目は「**知らん間に仕入れる**」、2つ目は「**自分で意図的に仕入れる**」。私たちって「欲しい情報」をネットやLINEを使って自分で意識的に取っていると思っているやんね。

それ以外に情報って、入ってくるんですか？

情報って、五感を通して知らない間にもインプットしていくんよね〜。

五感？　例えば、視覚とかですか？

そう！　視覚やったら、自分では前を見ているつもりでも「片目につき上に60度、下に75度、鼻側に60度、耳側に100度という広い視野」で情報をインプットしているし。

Chapter2／知ってる？ポジティブは誰でも標準装備なん

人間の見える角度（視野）

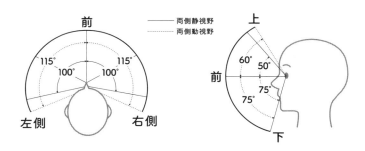

（視野検査｜京都府立医大病院眼科）

 横側だけでも 200 度もの視界があるって知ってた？ そんだけ、たっくさんの情報が入ってきてるってことだよね〜。

 意外に見えている世界は広いのですね！

 そう。具体的に言うとね、視覚からの量としてはね、毎秒 430 万ビット得ているの。200 万ビットが 12 万 5000 文字分なので約 26 万 8750 文字分の情報を得てるってことになるよね。

へぇー。すっごい量ですね。他の五感、例えば、聴覚などもありますか？

聴覚はっていうと年齢とか個人の耳の機能によってちょっと差が大きいけど、聴覚からは毎秒約1万ビットの情報が得られているんよ！
しかも、視覚情報にこの聴覚情報を加えたときには情報処理能力が1.5倍速くなるらしい！（逆の聴覚情報に視覚を足すのは、あまり影響ないの）さらに、触覚・味覚・嗅覚まで入れると……。

凄まじい情報量が、毎秒・毎分私たちに押し寄せているわけですね！　すっごい！

知らん間に、その情報はすべて脳にインプットされているってわけよね。

電車の中で見た広告、通りがかりの人の声や姿、音、街中の色合い、そこにあるものの形や与えるイメージ、揺らぎ方、空気の香り。さらに毎日顔を合わせる家族や恋人、仲間の声、言葉、顔つき、しぐさ……。

そうそう。ありとあらゆるものが、知らん間に、自分の中に入っている。そして、知らん間にネットワークが作られてるもんね。それが、知らん間に、言葉、考え方、しぐさ、行動に影響を与えているってわけ!!

嬉しいような怖いような……。

夢を叶えるインプット ②意識的に仕入れる

2つ目は、自分で意識的に仕入れる情報よ!

これは自分で決められそうですね。

そう。例えば
・欲しい知識
・学びたい学問
・聞きたい言葉
・観たい絵画や景観
・好きな色や香り
・可愛いペット
・会いたい人

・好きな食べ物

もう、数え上げるとキリがないほど……。
自分が「取り入れる」と決めることのできる情報がたっぷりとあるんよね。
この好ましい情報やポジティブな情報をたくさん仕入れていったら、どんな自分になるんやと思う？

なりたいポジティブな自分に思いのままなれそうです!!

そう！
年末年始や、仕事や勉強をするときに目標を立てて、その目標を達成するために、何をするか決める！　というのは、この取り入れると決めてるってことだよね。

これって、めっちゃくちゃ大事だし、達成できると、なりたい自分に近づくんだから、インプットってめちゃくちゃ大事やんね!!

Chapter3

意識のタンクで
人生だって
自由自在やよ！

意識はタンクの中にある

人の意識には顕在意識と潜在意識の2つがあるってことは、もうほとんどの人が知っている常識かもしれんよね。

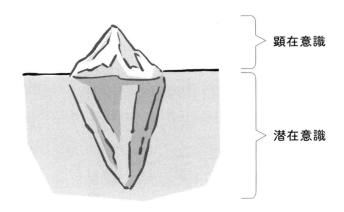

あっ、この氷山モデルの絵、見たことがあります！表に出てるのが顕在意識で海の中に隠れてるのが潜在意識ですね。

そんな意識の収まっている脳の記憶容量って、どのくらいだと思う？

Chapter3／意識のタンクで人生だって自由自在やよ！

 量でいうとね。人間の脳の記憶容量は約1ペタバイト。例えると、書類がぎっしり並んだ4段の書棚2000万個分なんだって！

＊アメリカのソーク研究所　テリー・セチノウスキー教授らの研究チームがライフサイエンス誌「eLife」に近年発表。

 なんかすごい量ですね！

 まあ、簡単に言うと、持ち主の私たちの想像を超えるほどの記憶と、その中にある意識が脳の中にはた〜んとあるってことだよね。
そのあり余るほどのたくさんの意識が脳というタンクの中にたっぷり入っているのをイメージしてみてくれない？

51

その脳タンクの中にはね、ネガティブなこともポジティブなこともいろんな意識がギュギュっと詰め込まれているんよね。

ネガティブタンクとポジティブタンク

 普通に暮らしていると、**生きていくための機能（防衛システム）の「本能」と「ネガティブシステム」が優先的に頑張って働く**んよね。だから、無意識になんの意図もなく過ごしていると、私たちのタンクはネガティブ濃度高めのネガティブタンクになりがちなん。

 これは、もう誰もがそうなのですね。
仕方ないかもしれません。

 当然、そのタンクについている蛇口をひねると「ジャジャジャー!!」とネガティブな**言葉とか思考とか行動としてアウトプットされてくる**んだよね。しかも、勢いよく出るから止めようのない感じで出てきちゃう!!

Chapter3／意識のタンクで人生だって自由自在やよ！

「感情に流されて、言わなくていいこと言っちゃった」「ついつい、否定的なこと言っちゃうんだよね」って感じですかね？

そうそう、その通り！　ネガティブ情報をどんどん入れたのはみんなが小さい頃、知らないうちに親や周囲の大人、その時代の常識や報道によるものだったりするんよね。

入れた方たちも入れられた私たちも無意識だし、過去に戻るわけにもいかないからどうしようもなさそうですね。

というか！　過去は、どうしようもなくってもね。これからなら、変えようがあるから安心して欲しいねん。

もしや、ポジティブ濃度高めのポジティブタンクっていうのもあるんですか？

そうそう。Chapter 2 で言った「前向きな前頭葉」のポジ子ちゃんの話に出てきたポジティブシステムとかニューロンのネットワーク作りを思い出してね。

あっ。いい「情報の仕入れ（インプット）」をたくさんしていくと、その先でこれまでにないポジティブな動機やアイデアが浮かぶネットワークがどんどん作られていましたね。

だから、ダブル効果でポジティブ濃度がだんだんと濃ゆ〜く、濃ゆ〜くなっていくでしょ？
そしたら、どんだけ大きく蛇口をひねっても
ジャジャーっと出てくるのは**ポジティブな言葉・思考・行動**になるよね!!

ポジティブタンクの完成ですね！

タンクの濃度のどっちを高めにするのかとか、蛇口を少しずつ開くか、それとも大きく全開に開いていくのかすら私たちの自由自在なんだってこと！　そんな自由自在に蛇口を調整しながら、自分の人生を、ネガティブとどう楽しくつき合いながらポジティブに仕上げていくか？　なんてこともできるのよね。つまり!!
あなたの人生は、あなたの自由自在なんよ〜!!

あ〜すっきりした!!
どうか、このことは忘れないでいてほしいな。

ポジティブタンクは、こう作る!

ポジティブタンクって作れるのですか?

もちろんよ! まずはね、ポジティブタンクのイメージをしやすいように身近なくじ引きの箱を思い出してみて欲しいねん。
くじ引きの箱の中に100枚のくじが入ってるよ。そのうちハズレくじが97枚、当たりくじが3枚入ってるんよ。
さあ! グイッと手を入れて1枚引いてみて!! それって、当たりくじ? ハズレくじ?
どっちがでた??

ひゃ〜、ハズレくじだぁ〜。

当たりくじは3%の確率だから、当たりにくいよね〜。

今度はね、ハズレくじが3枚、当たりくじが97枚入ってるよ〜！
さあ！ グイッと手を入れて1枚引いてみて!!当たりくじ？ ハズレくじ？
どっちがでた？？

当たりくじでございます〜!!!

じゃーん。おめでとうございます！
97％が当たりくじだから、当たりくじを引く確率がめちゃくちゃ高くなるんだよね！ 脳に置き換えたらね、くじ引きの箱がタンク、当たる確率がポジティブ濃度って感じかな。

どんな風に脳のポジティブ濃度を高めればいいのですか？

当たりだらけのポジティブタンクを作るのは超簡単な2つのことをするだけなんよ。

Chapter3／意識のタンクで人生だって自由自在やよ！

①朝起きたら、今日は「いいことが起きる」って決めちゃって、「どんないいことが起きるか」口に出して宣言する。
②夜寝る前は、いいことを起こせた自分の行動、考え方、勇気をべた褒めする。

これね。よく「何も褒めることないです〜っ」なんていう人がいるけど、朝、眠かったけどちゃんと起きた！とか、面倒だな〜っと思ったけど仕事に行ったとかでもいいんよ。

そんなことでいいんですか？

そう！ だって、ちゃんと起きなかったら、その日の行動は起こせなかったんだし、面倒でも自分の意志で決めてちゃんと仕事に行ったんだから、いい行動をしたんだよね！
こんな風にね、当たり前って思ってることも、**自分が決めてやろうと思ってできたことは、褒めるべきこと**なんよ。もちろん、それですっごい成果を上げたとき

なんて、踊り出しそうなくらい褒めちゃってね。

 わあ、すぐできそうです！　今日からやってみます。

 そうするとね、毎朝毎夜、合計2回も当たりくじをタンクの中に入れて、ハズレくじと交換することになるわけ。1年経つと730個もの当たりくじ（ポジティブ）が増えちゃうの！　それがさ、もっと褒めたいことあったら何個褒めてもいいんよ。しかも、いいことがあったときにね、人に感謝しても当たりくじが増えちゃうから。

 気がつくと、当たりくじだらけのポジティブタンクになっちゃいますね。

 実際にね、このことを音声SNSのClubhouseってところで毎日やってくれてた切り絵アートの先生がいます。このワークを始めた頃は地元の文化会館の切り絵の先生だったんだけど、「もっとたくさんの方に切り絵の良さを届けたいです」とおっしゃって毎日ワークを続けた結果、なんと！　ルクセンブルク王国の美術コンテストで賞を取ったり、憧れの有名な師匠と出会

Chapter3／意識のタンクで人生だって自由自在やよ！

えて直接教えてもらえる機会を得たり、国内でも美術賞を取ったり、みんなもよく知っている「郵政省の切手」にデザインが採用され続けたりしたの。

素晴らしい活躍ではないですか！
それはすごいです！

すごいでしょ！　**ポジティブタンクに変えていき、その結果、自分の人生をいい方向に変えちゃうのって、意外と簡単なことでできちゃうんよね。**
そうだ！　簡単なことの積み重ねでいいんだから、次の章では、日常のちょっとしたお悩みごとにどんな考え方やワークをしたらいいか教えちゃおうかな？
めっちゃ効果の出やすい当たりくじを増やせるワークもあるからお楽しみに！
順番に読んでも、気になるところから読んでも大丈夫よ！
ここから先は、自由自在よ!!

私、ポジティブになれそうだから、名前をポジ子に変えちゃうわ!!

59

Chapter4

ポジティブタンク
ワーク集

ワークの始め方

　Chapter 4 でご紹介するワークは、あなたのお悩みごとに簡単で最速に解決できる方法をまとめました。実際に私や周りの方がやってみて成果があった方法です。

　取り組み方には、大きく分けて4つあります。どんなマークが付いているか確かめながら進めてみて下さいね。

> **友** もう一人の自分を友だちだとイメージしながら頭の中で進めるワーク
>
> **語** 日常生活の中で、使う言葉を変えていくだけのワーク
>
> **書** ノートを使って、質問に沿うように進めていくワーク
>
> **慣** 毎日、朝と寝る前に習慣化して取り組むワーク

　どのワークも、「脳」のポジティブタンクを育てていき、ポジティブな働きがあなたの最強の味方になる方法です。

Chapter4／ポジティブタンクワーク集

　疑いながら取り組んでも、成果が出るものばかりです！
やってみて損をすることは何もありません。
「とにかくやってみよう！」という気軽な気持ちで取り組んでみて下さいね。どのワークから始めても大丈夫ですよ。

感情編

友

嫌なことがあって、モヤモヤしちゃう!!

一人二役ワーキング
....

ワークの進め方

一人二役になり、嫌な気持ち・モヤモヤを会話にしてみましょう。

① **親友のような心境・口調で聞いてみます。**
　　自分A「ねえねえ、〇〇子さ、いま何が嫌なの？」
　　自分B「モヤモヤするし、〇〇に腹が立つって感じ!!」

② **どんな内容でも（←ココが大事）同感し、絶対的に受け止めます。**
　　自分A「そうなんだ！　そりゃモヤモヤするよね。腹立つよね！分かる分かる！」
　　自分B「分かってくれるの？！　そうなの！」

③ **事実だけを確認します。**
　　自分A「で、実際に何があったの？」
　　自分B「今日、会社で先輩が、機嫌が悪くて私を理不尽に怒ったの」
　　5W1H（いつ・どこで・誰が・何を・なぜ・どのように）で答えます。

④ もう一度受け止めます。

自分A「そっか、そんなことがあったんやね」
自分B「そうなの！」

⑤ 感情を再確認し、もう1度受け止めます。

自分A「それで、あんなに腹立ててたんやね。そっか〜」と感情を確認し、「それは良く分かるよ」と受け止めます。

⑥ 解決策を提案します。

自分A「で、本当はどうしたい？」または「じゃ、今度同じようなことがあったらどうしてみる？」と聞きます。出てきた答えに従って次にやってみることを決めましょう。

> **得られる結果**
> スッキリして、次の事をすっと考えられるようになる。

 ちょこっと解説

人は認められたい、受け止められたい、自分が存在していいと思いたい、安全な場所にいたいという欲求があります。それを誰かに認めて欲しいと思っているのです。

ですから、**一番身近な存在として、自分自身を親友化して絶対的な味方として会話する**ことで、事実を客観的に整理しながら「認められる欲求」を満たしましょう。すると、悩みや感情にとらわれるグルグル思考からスルッと抜け出せるきっかけになりますよ。

感情編

お金がないと悩む

「ない」を「ある」に変えるワーク

ワークの進め方

3つの質問をして「ある」を発見しよう！

① 質問1　本当にお金がないですか？
　　今、どんなお金がないのかノートに書き出そう！
　　例：旅行に行けない。受けたい講座が受けられない。新しい服が買えない。

② 質問2　どんなお金がありますか？
　　今、どんなお金があるのかをノートに書き出そう！
　　例：毎日の食事の材料は買えている。電気、ガス、水道代は払えている。

③ 質問3　お金はあなたのそばにありましたか？
　　お金があることを実感してみましょう。
　　例：生活に必要なものは買えている。電気代は払えている。ご飯は食べられている。

④ 行動を変え、言葉を変えます。
　振込み、支払いは「先方に入金する」と言ってみましょう。
　例：レジで支払いをするたびに「今日もお金がありました」と
　　　思いながらニコニコしてお金をお渡しする。

⑤ 毎日、使える「お金があるわ〜」と実感してから寝る。

> **得られる結果**
> お金は本当は「ある」ことに気づき、「ある」と思えるようになる。

ちょこっと解説

お金は「ない」と意識することで、ネガティブ脳は「ない」状態を現実化しようと頑張り始めます。

お金を使うたびに「あー、お金が減った」と思うとさらに減ります。逆に払うたびに「入金」という言葉を使うと「入金」される出来事が増えてくるのです。

世の中には、たくさんのお金があり、あなたのそばにも、毎日、金額に関係なく**お金がありますよね**。身近に「お金がある」ことを意識したり、言葉にすればするほど、脳は「ある」状態をさらに現実化しようというポジティブ脳の働きを促進するのです。

これはお金を生み出すネットワークをつくるワークです。

感情編

時間がないから
何にもできない

時間がワクワク（湧く湧く）ワーク

ワークの進め方

時間がないから○○ができない！ と思うとき、3つの質問をして時間を発見しよう！

① 質問1　何をしたいときに時間がないって思っちゃうの？
　　ノートに「したいこと」を書いてみよう！
　　　例：本が読みたい、旅行がしたい、子どもと遊んであげたいなど。
　　書き終わったら「そっか、私そうしたかったのね」と言葉で受け止めます。

② 質問2　そもそもどうしてそうしたいの？
　　　例：ゆっくりしたいから、リフレッシュしたいから、子どもに優しくしたいからなど。

③ 質問3　それって、いつできそう？
　（質問2について1つずつ考える）
　　　例：ゆっくりしたい→1日、1週間のどこでゆっくりできるかな？

68

旅行がしたい→どこに、いつ行こうか？
子どもに優しくしたい→抱っこする？　ほめる？　本を読もうか？

得られる結果
できないと思っていたことが、できるということに気づく。

ちょこっと解説

「時間がない」と口にするとき、8割の人は1日のうちにうまく使えていない時間（もったいない時間）が結構あるものです。単に、無意識に消費している時間があるだけだったりします。
このワークの良いところは、時間を理由に行動していない出来事について、頭を切り替えることです。
①やりたい理由（本当の気持ち）に焦点を当てる。
②時間をつくるのではなく、「いつやるか」という行動計画を考える。
時間がないことを理由にせず、どうやるとできるのかをシンプルに考えられるようになるのです。

感情編

どーんと落ち込んで 何もやる気が出ない

友

優しくお手当てワーク

ワークの進め方

落ち込んで心も体も重たいっていうときは、自分でお手当てしよう。

① **床か布団の上にデーンと大の字に仰向けになります。**
何も考えないで、どこにも力を入れないように1分間、ただただダラーンとしましょう。

② **身体に向かって「しんどいところを教えて」と質問します。**
・腰が痛い　・頭が重い　・足がだるい
・胸が苦しい　・全身がだるい　・どこもしんどくない
などなど、身体や心の言うことを聞いてあげましょう。

③ **「しんどい」と教えてくれたことにお礼を言って、**
しんどいところに手を当てます。寝ちゃっても大丈夫!
「〇〇がしんどいんやね〜、そっか〜、つらかったね。教えてくれてありがとう!」と優しく声かけをします。
注:「どこもしんどくない」と答えた場合は、「大丈夫なんだね! よかった!」と声をかけます。

Chapter4／ポジティブタンクワーク集

④ **心に向かって、質問します。**
「なんでそんなにしんどいの？ 何が嫌なの？」と質問します。
返事は、そのまますべて肯定して受け止めます。
「そっか、そっか、○○が嫌なんだね〜。分かるわ〜」
返事がないときも「そうだよね。分かんないとき、あるよね」
と受け止めます。

⑤ **最後にもう一度、自分自身に声をかけます。**
「ところで、何かやってみたいこと、ある？」
やりたいことがあるときは、「そっか！ どうやったらできそう？」、ないときは「そっか！ ゆっくりしてみよっか！」と声をかけます。

> **得られる結果**
> ありのままに自分を受け止め、心と身体を軽くする。

ちょこっと解説

落ち込んでいるとき、無意識に、落ち込んでいる自分を責めたり、「ダメだな」「情けないな」などと自己評価を下げています。その気持ちが強いほど、身体のあちらこちらに力が入ったり、ホルモンバランスが崩れることで身体症状として現れたりすることが検証されています。そこで、意識的に力を抜き、しんどいところに手当てをすると、心までも軽くできるのです。同時に、言葉でしんどさを受け止めることで、心が満足して身体の不調も受け止めて癒せるのですね。

感情編

友

あ〜、もうあの人ムカつく！
と頭から離れない

ムカムカちゃん、ポイポイ

ワークの進め方

考えても仕方ないって分かっているのに、ムカついて仕方ないときってありますよね。そんなときはムカムカの観察です！

① 右手を前に出して下さい。その手でムカムカしている場所から「ムカムカ」をグイッともぎ取りましょう。

② 左手のひらを上にして顔の前に広げてください。手のひらに①でもぎ取った「ムカムカ」をポンと乗せます。

③ 左手に乗っている「ムカムカ」をよーく観察します。上から下から、右や左と色々な角度から見ます。
　・どんな形をしているの？　・どんな色をしているの？
　・あったかい？　冷たい？　・動いている？　無機質な感じ？

④「ムカムカ」ちゃんに質問します。
　・どんな時にムカつくの？　・どこで？
　・誰が何をしたとき？　・どんな風に？

Chapter4／ポジティブタンクワーク集

⑤ 返ってきた答えはどんな答えでも受け止めます。
　・そっかそっか！　・そうなんだ！　・なるほど！
　・分かる分かる！

⑥ さらに質問します。「よーく分かったよ、それでどんな気持ちになったの？」出てきた答えが最初と違っても、同じでも気にしないで⑤と同じように受け止めます。その後、そばにポイ、ポイと捨てます。最後の質問です。「次は、どうしたい？」と聞いて、自分のやりたいようにしてみましょう。

得られる結果
感情を手放して冷静になれます。ムカムカしている自分も、なんだか可愛らしく思えてきます。

ちょこっと解説

人は、ムカつく、腹が立つなど大きな負の感情を感じると、身体中がその感情に乗っ取られたようになってしまいます。そうなると心も身体も全身でその感情にとらわれ、負の感情にしか焦点が合わない状態になって、とても疲れてしまうんですね。
このワークでは、「ムカムカ」という感情を1つのもののように扱い、自分の心と身体を切り離すことで、とても簡単に客観的に考えられるようになります。だから、心も軽くなり、出てくる答えもシンプルで解決しやすいものが出てくるのですね。
ちなみに、このワークはモヤモヤ、イライラにも使えます。

73

感情編

すぐに「この人嫌い！」と思ってしまう

友

レッツ、真実を探せ！

ワークの進め方

なんとなーく嫌いな人がいるときに、その理由に気づくワークです。仕事仲間、上司、部下、ママ友、ご近所さんが、わけもなく嫌いである場合、無視もできなくて困ってしまいますね。そんなときに、このワークをしてみましょう。

① 嫌いな人を思い出し、4つの質問をします。
　質問1：その人はどんな人ですか？　顔、体型、仕草、髪型、よく着ている服や色、性格、よくすることなど。
　　例：ちょっときつめの顔、やせ型、すっごく女っぽい仕草、ロングヘア、きれいめのワンピースをよく着ている。

② **質問2：どんなことを言う人ですか？**　口ぐせ、言い方、口調、声のトーン、話の内容など。
　　例：夫に可愛がられているとか、おしゃれなお店に行った話を明るく楽しそうに話す、トーン高め。

③ **質問3：その人は誰かと似ていますか？**
　誰かを思い出しますか？　例：高校の同級生、自慢ばかりし

74

ていた子を思い出す。
- イエス→ そっか、それで嫌に感じるんだね。でも、別人なのは分かる？　→はい、いいえ、どちらでも質問4へすすむ。
- ノー → そっか、理由がないって再確認できたね。質問4へ。

④ 質問4：まだ気になりますか？
- イエス→ そっか、それでもいいよ。嫌いでもいいんだよ。
- ノー　→そっか、気にならなくなってよかったね。

> **得られる結果**
> 心の自由度を取り戻して自己肯定感・自己重要感が増します。自分を好きになれます。

ちょこっと解説

人は基本的に**よく思われたい生き物**なので、嫌いな人がいると自己嫌悪感や罪悪感を無意識に感じます。そして、自分に罪悪感を持たせた相手を不快に感じ、さらに嫌いだと感じる悪循環が始まります。ですが、本当は誰かを嫌ってもいいし、理由があってもいい、なくてもいいという**心の自由度**を私たちは持っているのです。そのことを言葉で認めてあげることや、嫌いな理由の有無を明確にすることで、価値観から見て嫌いなのか、過去の記憶から嫌いなだけなのかをはっきりと見つけられます。結果、本当は嫌いじゃないと思えたり、嫌いなままでもいいと思えたりという自分らしい答えを導けるのですね。

感情編 | 友

ちゃんとやらなきゃ！ と思うのに体調が悪くなる

全身スキャンワーキング

ワークの進め方　注：感染症のときは病院に行きましょう。

仕事や家事などやらなくてはいけないことがあるのにできそうにないとき、「身体が理由」か「心が理由」なのかを探せるワークです。

① 床やベッドなどに楽な姿勢で仰向けになります。

② 体調の悪いところを具体的に感じます。
　　・腰が痛い　・全身がだるい　・熱がある　・頭がぼーっとする
　　・足が重い　・お腹が痛い
　　・肩がこる　など、気がついたことを覚えていましょう。

③ 足の先から、順番に検査のCTやMRIをイメージして、身体を輪切りにしていくイメージを持ちます。

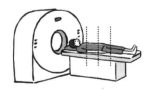

④ 一か所ずつ、「しんどい原因はどこかな？」と身体に問いかけながら、足の先から頭の先までスキャンしていきます。

Chapter4／ポジティブタンクワーク集

⑤「ここがしんどい！」と感じたときは「どうしてしんどくなるの？」と理由も聞いてみましょう。

⑥ 返ってきた答えはすべて「分かったよ」と受け止めます。

⑦ 答えが返ってこないときは、「気が向いたら教えてね」と自分自身に声をかけてみましょう。

⑧ 原因の場所が見つかったときは「どう動くと楽になる？」と聞いてあげましょう。
・「病院」という返事なら、受診する。
・「寝る」という返事なら寝る。
・「動けそう！」という返事なら、すぐに動く。

得られる結果
動けない原因が身体の問題か心の問題かが分かり、自分に誠実な対処をしてあげられます。

ちょこっと解説

より具体的な体調不良が目立っているときのワークです。
自分の身体を足のつま先から頭の先までスキャンしていくワークで「自分の身体と超丁寧に関わる」「自分に時間をかける価値のある大切な存在として扱う」ことができるようになります。実は、**体調不良のときこそ、大切な自己重要感を高めることができるチャンス**です。

感情編

友

またやっちゃった～、
なんでこうなんだろうと思う

これって最大のチャンス！ ワーク

ワークの進め方

迷子になる、時間に遅れる、勘違いで作業が遅れる、失敗してムダになる……そんなパターンはありませんか？　パターン化したうまくできないことをチャンスに変えるワークです。

① またやっちゃった～と思った出来事を丁寧に思い出してみましょう。
　　いつ、どこで、誰が、何を、どうしたでしょうか？

② 次に、そのときに、どう感じたのかを言葉にします。嫌な気分になった、悲しかったなど出てきた感情を、「そうなのね、悲しいのね。よしよし」と頭をなでる感じで受け止めます。

③「どうして、またやっちゃったって思ったの？」と自分に聞いてあげましょう。
　　過去の出来事や昔、叱られた経験などが出てくるかもしれません。
　　しっかりと相づちを打ちながら、聞いてあげましょう。

④ そして、「今日、気づけたのってすごいよね」と過去の記憶や

Chapter4／ポジティブタンクワーク集

いつも同じような失敗をしていることに気づいた事をほめます。
できるだけ、大げさにほめましょう。

⑤ 気持ちが楽になるまでほめ続けます。気分が良ければ、そのまま終わってもいいですし、対策を立てたくなったら「今度は、どうやってみようか？」と考えてみましょう。
自由にするのがポイントです。

得られる結果
まだうまくできないことが、失敗ではなく「気づき」のチャンスだと置き換えることができます。失敗の概念がなくなります。

ちょこっと解説

失敗だと思っていることを繰り返すことで自分を責める機会を増やしてしまい自己肯定感を低下させます。その上、過去にとらわれてグルグル思考に陥ってしまいます。
それは想像以上に、時間と心の消費を激しくさせます。もし1日に10分間「なんでなんだろう？」と悩んだとしたら、1年で3650分もの時間を行動できずに消費してしまいます。1日7時間悩むと、なんと153300分もの浪費‼　もったいないですね。
脳は、まだできていないことに気づいたとき、潜在意識を使ってギャップを埋めて叶えようとしてくれます。
ですので、「気づけたってすごいよね」とほめることが重要になります。

感情編

自分のことを好きになれない

好きなもの、な〜んだ？

ワークの進め方

嫌いなわけじゃないけれど、なんとなく自分を好きになれない、好きになれたらいいのにと思うときのワークです。

① Ａ４用紙かノートを用意し、日付を入れて、「好きなもの」とタイトルをつけて、好きなものをどんどん書いていきます。もの、人、スポーツ、色、出来事などなんでも OK です。
例：いちご、いちご狩り、スパークリングワイン、牡蠣、仲間と行く飲み会、ことわざ辞典、息子、嫁……など。

② これ以上書けなくなったら、書いたものを１つひとつ確認して、好きな気持ちを味わいます。

③ 幸せな気持ちになれたら、終わりです。
※最初はたくさん書けないかもしれませんが、繰り返すうちにだんだんと増えていくので大丈夫です。

④ たくさん書けるようになったら、次は、「自分の好きなところ」も思いつく限り書いてみましょう。

Chapter4／ポジティブタンクワーク集

> **得られる結果**
> 好きなものがあるという幸福感や充実感を感じられ、自己重要感が高まります。

ちょこっと解説

脳の仕組みの特徴には、
①目に触れる・耳に入る言葉は、すべて自分への情報としてインプットされる
②他者と自分の区別がなく細胞レベルで反応する（ミラーニューロンの仕組み）
があると実験で分かっています。このワークは、その仕組みを使っています。
好きなものへの愛おしさ、楽しさ、おいしさ、心地よさなどの「快」の感覚をたくさん感じた記憶が「自分に対して感じた感情」と同等に処理されるため、紙に好きなものを書けば書くほどに自己重要感が上がるのです。
自己重要感とは、自分を「価値ある存在」「愛されるに値する存在」と思えることです。なので、次には、自分の好きなところもたくさん書けるようになっていくのです。さらに、自分を大切にできるようになり、同じ分だけ周りの人も大事にできるようになるため、素晴らしい人生を引き寄せやすくなっていきますよ。

感情編

ついつい人の あらさがしばかりして、 嫌になる

書　慣

１日１人いいとこ探しワーク

ワークの進め方

人のあらを探しては「そんな自分って嫌なやつ」と思って嫌な気分になったときや、ほめ上手さんがうらやましいときに行ってください。

① 朝、寝起きのぼんやりしているときに「今日、会う人の１人のいいところを見つけます」と自分に宣言します。
　あとは忘れていても大丈夫です。

② いつものように普通に過ごしていて「気になる人」「目につく人」がいたら、抵抗しないでジッと見てみましょう。
　注：外出しない日は、テレビの登場人物、インターネットや本などの著者でも大丈夫です。

③ 夜、寝る前にノートのページを縦に半分に折り、ノートの左側に今日の日付と、気になった人のことを書きます。
　例：コンビニの店員さん、男性、若い人。

④ 右側に何でもいいので「その人のいいところ」を書きます。

Chapter4／ポジティブタンクワーク集

例：笑顔が良い、声が爽やか、雰囲気がいい。

⑤ いい人だよね、会えてよかった、と声を出して喜びます。

⑥ 最後に「人のいいところを見つけられる自分ってすごい！」と自分をほめて終わります。

得られる結果
人のいいところに目が向けられる心の癖を手に入れられます。

 ちょこっと解説

私たちの心は、防衛本能やこれまでの経験によって「注意すべきこと」「危険なこと」に注目する癖を持ち合わせています。命を守るための「本能」です。ですので、あら探しをしてしまうのは、あなたの性格が悪いせいではなく、人として必然的な性質です。
とはいえ、あら探しをする自分に嫌悪感を持つと、自己否定する気持ちが育ちやすくなります。
この性質を、いいところに目がいくように変えるには、繰り返し「言葉にする」ことで習慣化することが有効です。
知らない人でもいいので「1日1ほめ」のトレーニングをしていくことで、いつの間にか人のよいところに目がいく素敵な自分になれ、自己肯定感や自尊心が育っていくのですね。これが、このワークが大事な理由です。

感情編

友

意見を言われると、ついムカッとしてしまう

こいこい！　素直くん

1 START

どんな時にムカッとしたり、つい「そうは言っても」って思っちゃうの？

例：特定の先輩から仕事のやり方を教えてもらっているときにムカッとする。

「そうなんだね、○○なときにムカッとしちゃったんだ！分かる、分かる！」と声をかけて**2**に進みます。

2

なんで、ムカッとしちゃうんだと思う？

例：教わってる内容を「そんなの分かっている」「知ってる」って思ってしまうから。

・ムカッとしちゃう理由が出てきた人は**3**へ進む

例：訳もなく沸き上がるようにムカッとした感情に襲われる。

・理由が出てこない人は**4**へ

4

「訳もなく感情的になっているんだね。しんどかったね」と自分に声をかけてから深呼吸を３回しましょう。**5**へ進む

84

Chapter4 ／ ポジティブタンクワーク集

ワークの進め方

先輩や上司などから新しいことを教わっているのについムカッとしたり、心の中で無意識に否定してしまって素直に話が聞けないときにやってみましょう。

3

**何がムカつくのか
具体的に考えてみよう**

例：言い方が嫌い・声が嫌い・
　　エラそうな態度が嫌など
もし言い方ややり方が変わった
ら教わった内容をどう思う？
・「やってもうまくいかないと
　思う」人は **6** へ
・「やったらうまくいく内容だ
　と思う」人は **5** へ

5

**その内容は自分にとって
役立つこと？　と聞きます。**

役立つとでたら **6** へ
役立たないと思うときは **7** へ

6

「じゃ、今度からどうする？」
と声をかけてこれからのやり
方を確認します。やるやらな
い、どんな答えが出ても自分
の決定を肯定して **8** へ

8 GOAL

感情の落ち着きを感じてきた
ら、さらに深呼吸を3回する。
自分の決めたことを再確認し
て自分の落ち着く様子をよく
観察、自分で解決できたこと
を喜んで終わります。

7

じゃ、本当に役立たないかど
うか試しにやってみる？と声
をかける。「やってみる」と思
うときも「やらない」と決め
るときもどちらでも自分の決
定を受け止める。**8** へ

得られる結果
繰り返すうちに感情コントロールが楽になり素直な気持ちが湧き上がりやすくなります。

ちょこっと解説

脳は、自分自身を守るために常に自分の状態を観察し、望みを叶えるために言葉のチェックをしています。その中で自分の価値観やあり方を周りから揺らがされないように自己防衛することを何よりも優先します。

その情報は五感を通して集めているので本能が危険と感じやすい**音の高さ・トーン、過去の経験に似ている人やシチュエーション**をキャッチするとたちまち**防衛機制**が働きます。

色々とまわりの方に新しいことを教わるのですから、本当はしっかりと聞き入れて素直に変わりたいし成長したいのに、本能的には防衛機制という精神的な安定を保つ心が働いてしまうのです。防衛機制が働くと**むやみに否定したり、相手が自分を嫌っていると思い込んだり、聞いてなかったことにしようとしたり**と受け入れない壁のようなものを作ってしまうのですね。

安全と感じる明るい音やトーンで自分に話しかけながら、その壁に気づくように声をかけていくことで本当は危険じゃないと思えたり、思い込みだったと発見できることで、壁がどんどん崩れていきます。防御しなくていいことに気づけるので、ムカッとすることも減っていくのですね。

Chapter4／ポジティブタンクワーク集

感情編

なんだかモヤモヤして、スッキリしない

モヤの森へようこそ！

ワークの進め方

やる気を出したいのに、なんとなくモヤモヤしてやる気が出ないときにやってみましょう。
まずは、モヤ元（モヤモヤの原因）探しをしてみましょう。

① ノートを用意します。どんなときにモヤモヤするのかを書きます。思い出せるすべてのシーンを書いていきましょう。

　例：やらなければいけないことがあるとき。期限が迫っているのに仕事が思うように進まなかったり、アイデアが浮かばないとき。上司や同僚、家族とのコミュニケーションで意見のくい違いがあるとき。努力が報われず、評価を低く感じるとき。新しいことに挑戦したいのに時間や機会がないとき。スキルアップがうまくいかないと感じるとき。将来に対する漠然とした不安があったり、自分の進むべき道が見えなかったりするとき。

② 次に、誰といるとき、誰と話すときにモヤモヤするのかを書いていきましょう。これも、思いつく限りたくさん書きましょう。

例：上司、同僚、子ども、夫、ママ友、学校の先生、近所のおばさんなど。

③ ②で書いたことの共通するものを1つ見つけてみましょう。

例：理解してくれない人、自分の意見を言うのに、私の意見は聞いてくれない人、親に言われていたことと同じことを言われたとき、他の人がほめられたとき、頑張ったのにほめられなかったときなど。

④共通することに気づいたときにモヤモヤ以外にどんな感情が湧いてくるか、体感しましょう。

例：損ばっかりしている、誰も分かってくれない、私だって認めて欲しい、どうしていい分からなくて困っているなど。

⑤ ④で湧き上がった感情の1つひとつを、「そっか、そっか。それが、モヤモヤの元だったのね！　そうなのね！」と言葉にして受け止めましょう。すべてを肯定して、認めてあげましょう。

⑥ 最後に、今、どんな気分かを確認して不快でなければ終了です。嫌な気分が残っていたら、「どうしてそんなに嫌なの？」と質問して、自分の心の声をしっかり聞いて「そっか！」と受け止めてあげましょう。気分が変わったら終了です。

得られる結果
スッキリした気分が味わえます。

ちょこっと解説

私たちが感じる「なんとなく」という得体のしれないことやものが不快感を感じさせている場合、その原因の多くは、はるか昔の幼少期の体験や誰かに知らない間にすりこまれた価値観や評価なのです。それらは、無意識の潜在意識部分にある記憶たちです。

そんな忘れているような潜在意識部分に原因があるため日常の中では本当の原因が思い当たらず、「なんとなく」というあいまいで、どう対処していいか分からないものごとに感じて不安や不快さだけが大きく認識されてしまうのですね。

このワークで、その正体を明確にしていくことで**理解されない不安やうまくいかない不快さ**が自分で対処できる種類のものだと再認識でき、モヤモヤが解決できるのです。

Chapter4／ポジティブタンクワーク集

口ぐせ編

「でも」「だって」と
つい言っちゃう

「でもでもだって」ちゃんの卒業式

ワークの進め方

大人の対応をしたいのに、ついつい「でも」「だって」を口にして空気を悪くしてしまったときにトライしましょう。

① 「でも」「だって」の後に、何を言いたくなっていたのか思い出しましょう。ノートのページを半分に折り、左半分に書き出します。
　例:「私だって頑張っているのに」「分からないんだもん」など。

② どんな言葉が出てきても、その言葉を「なるほど、だから、でも、だってって言いたかったのね」と受け止めます。

③ その言葉の右側に「頑張っていて、えらいね」や「分からないことが分かったね。すごい!」などと左側の言葉に対する

Chapter4／ポジティブタンクワーク集

優しいほめ言葉を書き足します。

④ 最後に「これで、もう大丈夫！　卒業！」と声をかけます。

> **得られる結果**
> 言ってしまった後に繰り返していくと、口ぐせが出なくなっていきます。

ちょこっと解説

言葉というものはすべて何かのキーワードとして、別の言葉や本当に言いたいことと紐づけされています。よくいう芋づる式なのです。
そして、**本当に言いたいことや本当に認められたいことが心の奥に潜んでいると、本当のことが解決するまで、そのキーワードを使い続ける性質があります。**
このワークでは、その本当の気持ちを目に見える形に書き出すことで「解決済みのことだ」と脳に知らせるのです。口ぐせは使った年数が長いほど、習慣化しているので、修正に少し時間がかかります。ワークを繰り返しすることで必ず卒業できますよ。

口ぐせ編

「私なんて」と言いがち

「私ってやるやん！」ワーク

1 START

ノートのページを半分に折り、左半分にどんなときに何を無理だと感じたのかを記入します。

例：同僚のA子さんにおしゃれなパーティーへ「一緒に行こう！」と誘われたとき、「そんなパーティー、私には無理」と感じた。

右半分には、その出来事を無理だと思う理由を書いてみましょう。いくつでも大丈夫です。

例：そんなの行ったことないし、お洒落でセンスのいいA子さんと一緒に行ったりしたら、私なんて恥をかきそうだもん。

質問：本当は行ってみたいの？

YES 2 へ　　NO 4 へ

2

何がどう変えられたら、行ってみたいの？　新しいページの左半分に書いてみましょう。

例：A子さんみたいにお洒落でセンスよくできるなら。同じように初めてパーティーに行く人と一緒なら。パーティーでどう振る舞えばいいのか教えてくれるなら…

書けた人は 3 へ
書けない人は 4 へ

Chapter4／ポジティブタンクワーク集

ワークの進め方

他人と自分を比較して自分をダメに感じたり、期待されていても「自分には無理だ」と感じたときにやってみましょう。

3

右半分に、それぞれの具体的な解決策と誰に頼るかを書いてみましょう。

例：A子さんにそのまま伝えて協力してもらう。初めてパーティーに行く人を誘ってみる。ネットや YouTube でパーティーのマナーを調べてみる。

質問：行きたくなった？

YES：**5**へ　　NO：**6**へ

4

本当はパーティーそのものに行きたくない。

その気持ちを確認して、しっかりと共感・受け止めましょう。

例：そもそも人混みが嫌い。A子さんと比べられるのが嫌だから、行きたくない。断りたいけど、嫌われたくなくて言いづらい。**6**へ

5

楽しんできてね！

6

断っても大丈夫だよと自分に声をかけましょう。

言い方を変えて相手の気持ちを尊重しながら断ってみましょう。

例：誘ってくれてありがとう‼その日は、予定があるからごめんね！

95

得られる結果
できる可能性やできる方法が見つかり、自己肯定感がグッと上がってやる気も出てきます。

 ちょこっと解説

実は、「私なんて」という言葉は「本当はこうなりたい」や「こうしたい」という望みに紐づけられています。
表面上では自分のことをハッキリと否定しながら、深層心理では、「誰かへの羨望や憧れ」「自分自身の理想の姿」または、何かを成し遂げてみたいという「達成欲求」「夢や目標」を強く強く意識しているのです。

それなのに、これまで周りからダメ出しをされたり、恥ずかしい思いをしたり、理想と外れたことをしてしまったという失敗体験をした際、「自分には無理」「自分はできない」という**思い込みや決め言葉をインプットし**、自分に諦めるように言い聞かせるくせがついているのです。
このワークではどんなときにどんな人やどんなシチュエーションをきっかけにそのくせが出るのかを思い出し、さらに、深層心理に隠してしまったなりたい自分、理想の自分像への思いを具体的に書き出していくことで、その言い聞かせをする必要がないことに気づいたり、くせを取り除いていったりすることができるのですね。
その結果、ストレートに「どうすればその人のようになれるか」や、具体的に何をすれば、無理ではなくなるのかという自分の未来の可

Chapter4／ポジティブタンクワーク集

能性まで開いていけるようになります。

また、今回の例にあるように「本当は断りたいのに言えない自分」が
見つかったときには、相手も自分も傷つけない言い方ができることで
人間関係の良好さと、自己重要感が同時に満たされるという効果も
得られます。

すると、そんなことができる自分を認めてほめてあげることは、簡単
になっていきますね。

口ぐせ編

友

「やっぱり」「また」「どうせ」
とよく言ってしまう

やっぱり「できちゃった！」ワーク

ワークの進め方

何かをやってみて失敗したりうまくいかなかったときにやってみましょう。

① 自分に質問します。「やっぱり」「また」「どうせ」ってどういうこと？

　　例：ほら、いつも何か新しいことをしたら失敗するでしょ。

② 「前も失敗した」「いつもうまくいかない」「この前もできなかった」などという答えをそのまま繰り返しながら次のように言ってみましょう。

　　「そうなんだ。前も失敗したって思っているんだね。そのときは、どんな風にやってみて結果はどんな状況だったの？」

③ 状況を思い出せたら、「そうなのね。自分のことを本当によく観察できているよね。素晴らしい！」とほめます。

④ 次に「今回、できたことはどんなこと？」と自分に聞いてみましょう。

Chapter4／ポジティブタンクワーク集

コツは、取り組めたことややってみようと思えたことなど細かなことでも、よいこと、できたこととして口にしてみましょう。

⑤ ④で出てきたことに対して「やっぱり、できたね」「また、できそうだね」「どうせうまくいく」と声をかけます。
「何もできていない」としか思えなかったときは「まだできていないんだね」と「まだ」を強調して自分に伝えます。「まだできていないことを、今度どうする」と質問します。出てくる答えを、いつやるか決めて終わります。

得られる結果
「やっぱり」「また」「どうせ」という言葉の続きにポジティブな言葉が思い浮かぶようになっていきます。

ちょこっと解説

「やっぱり」「また」「どうせ」は、ネガティブワードとつながっている言葉の代表選手です。
この3つは「やっぱり○○だった」「また、○○した」「どうせ前のように○○できない」というように、必ず過去の経験と紐づいていますね。つまり、かなり現実的な出来事の影響を受けやすく、さらに、実行する前から、失敗という結果を想定する言葉になっているのです。ですが、「小さなできている事実」の確認をすることで、紐づける言葉を変えていけます。さらに、できていない部分を「まだできていない」と変えることで「できるようになる可能性」を想定できるのです。

「しっかりしなきゃ」と自分に言い聞かせちゃう

口ぐせ編

お前はすでに「しっかりしている」1

ワークの進め方

職場での責任が重くなったり、子育てや家族の世話を頑張らないといけない状況になったりなど、頑張るほどに疲れを感じるときにやってみましょう。

① 「しっかりしなきゃ」と思うのは、どんなときですか？
　一番気になっていて思いつくことを、ノートのページを半分に折り、ノートの左半分に書いてみましょう。
　　例：家事も育児もちゃんとしなきゃ！

Chapter4／ポジティブタンクワーク集

② 次に右半分にその場面の、(1) 今の自分ができること (2) 少し頑張ったらできるようになること (3) 今はまだできないけれど、誰かに教わったらできること (4) 自分ではできないことを書きます。

　例：(1) 子どもが寝ている間にお洗濯と洗い物、一緒にお買い物。

　　　(2) お掃除。

　　　(3) 手の込んだお料理。

　　　(4) 重いものを買い物すること。

③ (2)(3) は、いつどうやってするかを考えて書き加えます。

　例：(2) ぐっすり寝てくれたらできる。夫に子どもを見てもらえるとできる。

　　　(3) レシピを見つけておく。

(4) は、誰に依頼して任せるかを考えて書き加えます。

　例：夫に頼む。

④ 今とこの先にできるようになることが、いくつあるか数えましょう。そして、「もう、自分はしっかりできることがあった」ことを書き足して、実際に声にも出して喜びましょう！

> **得られる結果**
> 自己肯定感と自己有能感が爆上がりします。

101

ちょこっと解説

「しっかりしなきゃ」という口ぐせは、自分も周りもポジティブな言葉だと思い違いしていることが多い言葉です。

よく考えると言い聞かせる時点で自分自身を肯定していないですし、できない自分と想定して、自分を否定している言葉なのです。

そのままだと、グルグルと否定ループにはまって成果を出すまでに時間がかかってしまいます。

ですので、**頑張らなくてはいけないときほどできている部分に焦点を当てて、丁寧に分析をしましょう。自分を正当に優しく把握することが大事なのです。**

例えば、どこかに行く必要が出てきた場合、目的地を把握しますよね。ネット検索をして交通経路を調べるとき、改めて、今の位置との距離などを知り、少し歩けば行けるか、電車に乗るか、または他の人に行ってもらった方がいいかを検討すると思います。

どのプロセスを経たら時間の無駄がなく目的地に着くかいろいろ丁寧に検討するので、その結果スムーズに目的地に到着しますし、自分を責めたりしませんよね。

「しっかりしなきゃ」と思っているときこそ、「できることは何か？」という点に焦点を合わせましょう。スムーズに結果を出せるようになり、「自己肯定感」や「自己有能感（自分はできると感じること）」が爆上がりしていくのですね。

Chapter4 / ポジティブタンクワーク集

口ぐせ編

「分からない」「できない」と口にする

お前はすでに「しっかりしている」2

ワークの進め方

このワークは、お前はすでに「しっかりしている」1とやり方、考え方は一緒です。
できる自信がなかったり、知らないこと、やったことのないことへの恐怖や不安からどう考えればいいか分からず、「分からない」「できない」と言ったり思ったりするときにやってみましょう。

① ノートのページを半分に折り、以下の質問をノートの左半分に書いてみましょう。なぜ「分からない」「できない」と思っているの？　その答えを下に書きます。
　　例：○○が分からないから、○○ができないから、○○の自信がないから。

104

Chapter4 ／ ポジティブタンクワーク集

② そうなのね、と受け止めてから「何が分かるといいの？」と
再質問の答えを右側に書きます。

例：英語ができるようになったらいい。

③ 出てきた答えに対して、⑴今の自分ができること ⑵少し頑
張ったらできるようになること ⑶今は、まだできないけれど
誰かに教わったらできることの順に書いてみます。

例：⑴今の自分ができること　英語をGoogle翻訳で調べられ
る。

⑵少し頑張ったらできるようになること　翻訳したものを
もとに英語圏の人と話す。

⑶今は、まだできないけれど誰かに教わったらできること
英会話。

④ ⑵⑶は、いつどうやってするかを考えて書き加えます。

例：⑵道で迷っている他国の人を見つけたら話しかけてみる。

⑶週１回木曜日に英会話を習う。

⑤ 今とこの先にできるようになることが、いくつあるか数えま
しょう。そして、「もう、自分はしっかりできることがあった」
ことを書き足して、実際に声にも出して喜びましょう！

例：ピアノを弾く、韓国語、歌、ダンスなど。

> **得られる結果**
> 自己有能感、自己重要感が上がり、前向きになります。

ちょこっと解説

私たちの脳は、未知の出来事に対して本能的に恐怖を感じるシステムになっています。それは、身体能力的に「攻撃」ではなく「回避」「戦略的」な生き残りによって生命を保ってきた生き物だからです。
その回避するための最も便利な言葉が「分からない」「できない」なのです。
自分に対する信頼が不足していたり、新しいことに挑戦する自信が持てなかったりするときも、失敗することや間違いを犯すことを避けるためにも、また、過去の失敗やネガティブなフィードバックの経験で得た傷を再度体験しないためにも、便利なこの言葉を使って逃げているだけなのです。
本当に全く分からないわけでもできないわけでもないのです。本当は、すでに「しっかりと分かる」「どうしたらできるか？」ということも知っている自分がいるのです。
その**分かる部分、できる部分に焦点を当てることで自分の分かる、できる能力を正しく把握でき、自己像を良い印象に変えていくことができる**のです。

Chapter4／ポジティブタンクワーク集

口ぐせ編

友

「やらないとダメだと 分かってるけれど」とよく言う

やるも、やらないも選ぶ権利がある

1 START

やらないといけないことは、
何ですか？

例：家の片づけ

2

それは、何のためにするので
すか？　やったらどんな結果
になって、どんな自分になる
のですか？

例：家事をしやすくしたり、快適
　　に過ごしたりするため。でき
　　ると自分をほめたくなる。

3

やらないと、どんな結果とど
んな自分になりますか？

例：家にいるだけで嫌な気分に
　　なる、どこかで自分にダメ
　　出しをする。

4

「自分ってすごいな！」と思え
るのはどっちですか？

・「もちろん、やる方だ」と
　思える場合→**5**へ
・「やらない」を選択する場合
　→**6**へ

108

Chapter4／ポジティブタンクワーク集

ワークの進め方

タスクが難しい、面倒くさくて、つい先延ばししたり、なかなかやる気になれなかったりするときにやってみましょう！

5

**進めない理由は何ですか？
不安・面倒さ・プレッシャー・時間・お金どれですか？**

例：時間がかかりそう。いるものといらないものを分けるのが大変そう。

6

やらないときにどんな結果を得られますか？　やらないときの代替え案はどんなものにしましょうか？

例：お盆休みにやると決める。夫婦二人で計画して、ご褒美旅行を企画する。

その代替え案で、ワクワクしたら、元気よく心地よく、やらないことを決めて代替え案に進みましょう。

7

どんな風に面倒さやプレッシャーを取り除いたり、足らないものを手に入れたりしますか？

思いついたら、「思いついた自分ってすごい！」とほめましょう。その方法は「するべきこと」ではなく、うまくいくために「するしかない」と置き換えてみましょう。

例：まずは小さなスペースから始めよう！　時間を決めて短時間、集中しよう！

109

得られる結果
自分で決めたことに自信がつき、決断力・行動力が身に付きます。

 ちょこっと解説

この口ぐせを言うときは①**目標、夢への意識ができている**、②**するべきことが理解できている**という素敵な状態です。

ただ、そこに向かうまでの精神、知識、経験、経済、時間などの不足すら把握できており、それを、できない壁と認識してしまっています。「解消するとしたら」という仮説を立てることでプレッシャーを小さく、壁を低くして進むことができて、具体案が浮かびます。その案を「するべき」という言葉から「するしかない」という言葉に置き換えて、迷う必要をなくしていくのです。

Chapter4／ポジティブタンクワーク集

夢編

友

夢なんて
どうせ叶わないと思う

夢は叶うためにそこにある

ワークの進め方

夢は叶わない、夢なんてないと思ってやる気もなく、愚痴や
不満を言ったり、楽しみもなく日々を過ごしてしまうときに
やってみましょう。

① 周りの人や有名人をみて「この人は、いいな〜。○○があっ
て」と羨ましく思うことはありますか?

(1) ある場合　→　どんなところを羨ましく思うのですか?　そ
れは、何があったら自分でも手に入れられると思いますか?
容姿、スタイル、衣食住、行動、社会性などさまざまな視点か
ら見つけてみましょう。

例:美人で、お金もあって、性格もいい　→③へ進みます。

(2) ない場合　→　②へ進みます。

② もしも「お金」「時間」「人間関係」になんにも制限がないと
したら、どんなことをしてみたいですか?

例:エステに行って肌を磨いて、値段を気にせず着たい服を着
て、行きたいところは海外でもどんどん行っちゃう。

Chapter4／ポジティブタンクワーク集

③ ①または②をあなたの夢と仮定した場合、そばにいるのはどんな人でしょう？　家族、仲間、仕事相手、ご近所の方など、いろいろなパターンで考えてみましょう。

　　例：仕事仲間でもあり、親しい友人たち、夫、子どもたち。

④ ３年後、５年後、１０年後にその夢はどうなっていますか？

　　例：どんどん叶っている。

⑤ もしも、その夢が叶ったら、どんな気持ちですか？

　　例：最高に嬉しい!!

⑥ 今の生活から一歩夢に近づくとしたら、何に取り組んでみたいですか？

　　例：どのエステサロンに行ってみたいか、どんな洋服を着たいか、どこに行きたいのか、考えて書き出してみたい。

このプロセスで見えたものすべてが、あなたの本当に欲しい夢です。

> **得られる結果**
> 心の中にある「本当の望み」「夢」を見つけられる。

ちょこっと解説

野口嘉則氏の「鏡の法則」というポピュラーな考え方がありますね。この理論は、人が外界から受け取る反応や状況は、自分自身の内面的な態度や信念の「鏡」として機能するという考え方です。

実は、夢に関しても同じような思考ができます。

夢というものを自分の内側に持っているからこそ、それを外界に実現できている人や物を見たときに内側の「本当の望み」「あるべき姿」と外界の現実とのギャップを強く感じ、羨ましい、妬ましいという感情につながります。

本当は「自分自身がそうあるべき姿」を目の当たりにして嫌な感情を感じていると言えるのです。

実は、**脳は、夢（理想）と現実のギャップを埋めることが得意で、大好き**なのです！

だからこそ、このワークで夢をはっきりと言語化していくことで、夢は叶わないものではなく、内側と外側のギャップを埋めて叶えていくための指標にすることができるのです。

夢は叶うためにそこにあるのですね。

Chapter4／ポジティブタンクワーク集

「夢」って、あなたの
本来の姿なんよ〜！
遠慮なく、大きな夢を
見ちゃいましょう

夢編

友

チャンスに恵まれない

幸福の女神には長い後ろ髪もある

ワークの進め方

チャンスを逃しがちだったり、ネガティブなことばかり起きると思ったりするときや、数年たって「あのときがチャンスだった」と後悔したりするときにやってみましょう。

① チャンスの女神が好きなときに好きなチャンスをくれるとしたらどんなチャンスが欲しいですか？

例：仕事のお得意さんに恵まれて、どんどんお客さんを紹介してくれる。

② これまでの人生でどんなアンラッキーなことが起きていたり、どんなときにどんなチャンスを逃していたりすると思いますか？

例：大事な発表のときに熱が出て休んだ、大きなチャンスのときにいつも何かハプニングがあって逃している。

③ ②での出来事が、実は、あなたにチャンスの女神が微笑んだ証拠だとしたら、今度は、どんなチャンスをつかんでみようと思いますか？

例：交流会などに出かけて素敵な人と仲良くなる、大事なプレ

116

ゼンで大成功する。

④ **令和のチャンスの女神には、前髪だけでなく長ーい襟足（後ろ髪）があるのです。いつ、女神の後ろ髪をつかむ予定にしますか？ そのときのために、今からどんな準備をしますか？**
例：いつでもチャンスをつかめるように、勉強したり、体調の整え方を普段から考えたり、30分早めに行動したりする。

> **得られる結果**
> すでに引き寄せ体質である実感を得る、引き寄せを起こせる人になる。

  ちょこっと解説

不幸体質やチャンスの機会に恵まれないと言っている人のほとんどが、実は、引き寄せがメチャクチャ上手であると言われています。なぜなら、私たちの脳は「現実と内側の望み」のギャップを埋めてくれる親切なシステムがあるのですが、「言葉」でしかそのイメージを受け取ってくれないのです。ですので、「私って、不幸だわ」「お金がなくて不憫」「周りの人に恵まれない」とつぶやいているあなたの夢をこれまで一生懸命叶えてくれたのです。あなたの脳は、かなり優秀なのですね。

ここからは、**叶っていい「言葉」を使っていくことで、本当に叶えたいことをどんどん叶えていきましょう。**

夢編

やりたいことは、
無理だと諦めている

友

床下収納ワーキング

ワークの進め方

家庭の役割や、お金や時間がないときや年齢を理由に旅行、起業、趣味、語学の勉強などを諦めている方にやっていただきたいワークです。

あなたは、今、一戸建ての自宅の台所にいます。家事をせっせと頑張っている時間のようです。

① 自分に質問します。もしも、お金、時間、子どもや夫の世話、仕事の立場などの制限が何にもないとしたら、あなたは、どんな夢を叶えたいですか？

  例：40歳過ぎたら、1年の半分の時間は仕事、残りの時間は海外旅行とかして悠々自適に過ごした〜い！

② そんな素晴らしい夢を諦めたのは、いつ頃ですか？　どうして諦めたのですか？

  例：就職活動したときに、1日どれくらい働いてお給料がどれくらいかという現実を知り諦めました。

Chapter4／ポジティブタンクワーク集

③ その諦めた夢や思いは、あなたの足元にある床下収納庫に生
のままポーンと放り込まれていたようです。生のまま、生き
た思いを床下収納に入れると、半年〜1年間でどうなると思
いますか？

　　例：傷んでしまう、発酵して酸っぱくなる、膨れ上がる。だん
　　　　だん「こんな暮らしをしたかったわけじゃない！」という
　　　　思いが膨らんでいく。

④ おや？　どうやら、まだ傷んだり発酵したり、膨れ上がった
りする直前のようですよ。
一旦、両手で床下収納に手を入れて、自分の諦めていた夢や
やりたいことを外に取り出してみてください。
ゆっくりと両掌に、夢、やりたいことを載せているのをイメー
ジしていきます。
本当にやりたいことを思い出しましょう。
本当は、やりたいことじゃなかったときは、手のひらの夢を
ポンッと捨てちゃいます。

⑤ 本当にやりたかったのはこれだわと思い出したときは、その
夢が「叶ってもいいよ」「叶える方法も教えてね」と自分に
声をかけて、その後はその夢のことを忘れても大丈夫です！

⑥ ふと、夢に関することを何かやってみたくなったり、教えて
くれる人がいることを知ったりしたときは、「どうしたら、で
きる（会える）」かの方法を考えてみましょう！

119

得られる結果
夢ややりたいことを引き寄せる体質に変わっていきます。

 ちょこっと解説

大きな意味での「夢や目標」を自覚して、現実の自分とのギャップがあまりに大きくなると、変化を嫌う脳がどう働くのか、Chapter2 の話を覚えているでしょうか？
大きな変化が起きそうになると動きを止めるように促す機能が付いています。
ですので、ついつい夢や目標もなかったことにして床下収納庫にしまいがちです。
ですが、思いや感情は生ものなので、いつか膨れ上がって、感情の爆発もしくは自暴自棄になるきっかけとなってしまいます。このワークのように手に取ってこの夢は本当に諦めてよいかを検討することが大事なのですね。
諦めたくない夢なら自分の潜在意識に、これは叶えたい夢よ！ と言葉で伝えておくことで脳は現実と夢のギャップを埋めようとひそかに頑張り始めてくれるのです。なので、私たち自身は、夢のことを忘れてしまっていても大丈夫！ というわけです。

Chapter4／ポジティブタンクワーク集

人間関係編

人が嫌いじゃないけど、人と話すと疲れる

比べっこやーめた!!

> **ワークの進め方**

飲み会、食事会、女子会にショッピングなどお出かけが嫌いじゃないのに、人と話したり一緒に行動したりしたら、途中からもうヘトヘトになる、そんな人はやってみてくださいね。

① まず、ノートを用意してください。最近一番、「疲れた〜」と感じた「人と話した」シーンを思い出してみましょう（誰と何をして、どんな話をしたか）。ノートのページを半分に折り、ノートの左半分に、そのシーンでの登場人物とその人物と話して印象に残ったことを一つ書いてみましょう。
　例：職場の先輩や仲間たちとBBQをしたとき、先輩が同僚Aちゃんと楽しそうに話をしていた。

Chapter4／ポジティブタンクワーク集

②「その人達をどう思っている？」この答えを右側に書きましょう。

例：先輩も同僚も大好き、明るくていいなと思っている。

③「そのとき、自分のことはどう思った？」この答えを書いてみましょう。

例：気後れする、カッコ悪い。先輩に好かれてないのかな。

④「もし、親友ならそんなあなたに何と声かける？」この答えを書きましょう。

例：気後れするなんて、あんた可愛い！　そんなふうに思ってたのね（とにかく、超優しい親友をイメージしてね）。

⑤「どうしてそんな風に思っちゃうんだと思う？」この答えを書きましょう。

例：比べてるのかも。先輩に好かれたいのかな～。

⑥ 親友モードで最後の一言を伝えます。「そっか！　〇〇したかったんだね！　それが本音だね。本音が分かってよかったね！」

> **得られる結果**
> 自分の本音が分かり、自分を尊重できるようになります。

ちょこっと解説

人と話をして疲れてしまう場合、ほとんどが無意識のうちに話した相手や、街で見かけた誰かと自分を外見、立ち振る舞い、社交性、判断力、知識量など、さまざまな視点で、比較して評価しています。その結果、自尊心を下げるような言葉を頭の中や実際に口にするなどしてしまいます。

例えば、「やっぱり私はダメだ」「〇〇さんと違って、自分は〇〇だ」などという悪評価をつけるのです。

実際は、評価する必要のないことが99％なのに、自動的に浮かぶ根深い信念のようなものが、そうさせるのです（心理学では「スキーマ」といいます）。

これは、外界から与えられた限られた情報で「植えつけてしまった枠組み」「思い込み」のようなものです。

このワークのように第三者的に事実確認をしていくと、枠組みを変えて思い込みを外していくことができるのですね。

Chapter4／ポジティブタンクワーク集

人間関係編

人に嫌われたくなくて、自分の意見が言えない

好きポイントを探せ!!

ワークの進め方

言いたいことがあっても、嫌われたくないから言えない、やってみたいと思っても、変だと思われたくないからできない。そんな周りの人の目や思いが気になってしまうときにやってみましょう。

① まず、自分の嫌われたくないという思いをしっかりと受け止めます。質問1：どんな自分だと嫌われると思いますか？
　　例：自分の意見ばかり言う、おどおどする、自分の意見が言えない、暗い、頑固など。

② 質問2：そもそも、嫌われたらどうなっちゃうと思っていますか？
　　例：仕事がうまくいかない。次に会ったときに話をするのが気まずくなるなど。

③「そうなんだね!!」と受け止めて、次に②の言葉を繰り返して、「そうなると思うから嫌われたくないんだね。分かったよ〜」と受け止め続けます。

Chapter4／ポジティブタンクワーク集

④ 質問3：ところで、自分で「こんな自分が好きだな〜」って
思うあなたって、どんな人ですか？　書いてみましょう。
例：頑張り屋、運動好き、人のことを気にかけてあげられる、
　　コツコツ続けられる、笑顔がいい、ありがとうが言えるな
　　ど。

⑤ 質問4：④で書いた自分と①の嫌われたくないと思っている
自分を比べてみましょう。
・④と①が不一致→どっちの自分で生きていきたい？
・④と①が一致→ そのまま⑥へ

⑥ 質問5：そんな自分のことは好きになれそうですか？
イエスでもノーでも、もう一度自分の好きなところを書いて言
葉にもしてみましょう。

得られる結果
自分の好きな自分らしく生きる自信が生まれます。

127

ちょこっと解説

　人は古来から集団生活をして、皆で生き延びる生物です。ですので、集団の中にいる自分が周囲と仲良くすることが生きていく必須条件として遺伝子の中にも組み込まれています。生命保持のための大事なコツだったのですね。
　それが、現在のように情報が超膨大になり、同じ人でも国や種族の違いから文化や価値観が多様化する中では、人に合わせて行動してばかりいるとＡさんとＢさんの意見の違いに振り回されるばかりで、疲れてしまうのです。
　よく自分軸がないと悩む人がいるでしょう？　そんな状態になっているのですね。
　そこで、自分の好きな自分像をしっかりと描き、その自分像を基準にして物事を決めて行動すると決めることで、自分らしく生きている自信が持てるようになるのですね。

Chapter4 / ポジティブタンクワーク集

「自分の好きな自分」が基準って、素敵よね〜！

人間関係編

影が薄い自分が なんだか嫌

オーラUPワーク　6パターン

ワークの進め方

お店にいても気づかれない、皆で出かけたのにいることを忘れられている、意見が通らない、飲み会などにいても誰とも話せないときがある、存在感がないと言われるなどで悩んだときにやってみましょう。

◆ A～Fで当てはまるものや近いことを選んでみてください。
　A：大きな声を出すのが苦手だったり、声が細く小さい
　B：猫背である
　C：ついつい隅に座る
　D：人前で笑ったり、はしゃぐのが苦手
　E：人にどう思われるかを、いつも気にしてしまう
　F：人に顔を向けてあいさつするのが、ちょっと苦手

◆ Aの人は、呼吸の不足派
　朝起きたときと、家を出る前に呼吸ワークをします。
　まず、あくびをして喉を大きく開けた後「ハァ～」と息を3回吐き出します。出した後は、勝手にたくさんの空気が肺に入ってくるのを感じましょう。

Chapter4 ／ ポジティブタンクワーク集

次にまた、あくびをした後、「ハッ」「ハッ」「ハッ」と声を出し、
１回ゆ〜っくり息を吸います。
人と話す前にこの「ハッ」を思い出してから話してみましょう。
少し大きな声が出てきます。

◆ Ｂの人は、呼吸と意識の混合派

まず、１日１回５分、きれいな座り方を練習します。
椅子に浅く座って足元を肩幅に開いて足の裏をしっかりと床に
つけます。
次に、おしりを左右交互に浮かして腰の落ち着く位置を探しま
す。落ち着いたら両手の手のひらを上にして、膝の上に置きま
す。この状態で、深呼吸を「10秒かけて吐く」「10秒かけて吸
う」を意識しながら、最低５分を毎日行いましょう。気がつく
ごとにすると効果は早いですよ。
ワークの後に猫背が軽減するとともに「姿勢の変化で印象が変
わっている」のを鏡で確認しましょう。

◆ Ｃの人は、視覚の罠派

死角に入りやすい「隅っこ」を避けて座ってみましょう。どの
位置から見ても目に入る中央付近、またはその日の主役の隣に
座ってみましょう。
自分ルールを隅っこ以外に座ると決めてみるのは、どうでしょ
うか？

◆ ＤとＥの人は、意識高すぎ派

ちゃんと笑おう、ちゃんと楽しもうと気にしてしまいますね。

131

こんなときは、まず、笑ってる人、はしゃいでいる人の方に顔を向けて、真似っこしてニコニコしてみましょう。元気な人の感情を真似っこするだけで自分は何もしなくても明るい印象に変化できるし「真似ているだけ」なので、あまり深く考えずにできますよ！

◆ Fの人は、生真面目派
ちゃんとあいさつしなきゃと考えるほど、できなくなるのかもしれません。あいさつは、顔を見てするのではなく、そっちの方を見ているだけで大丈夫なので、あいさつしたい人の右上に顔を向けて軽やかな気分であいさつを口にしてみましょう。

◆ それぞれのワークをした後、「さあ、これで大丈夫、私はここにいるからね」とにっこりして自分に声をかけて深呼吸しましょう。

得られる結果
存在感が出てきて、自分を好きになれます。

影が薄いというお悩みは、存在感がないという漠然としたお悩みです。このお悩みのままでは、問題の解決が難しくなってしまいます。こんなときは、焦点を別のところに当ててみましょう。
実は、本当に影が薄いわけではなくて、周りの人に気づかれないそ

Chapter4／ポジティブタンクワーク集

れぞれの要素があって、気づかれにくかったり、印象に残りにくかったりするという結果になっていることが多いのです。

それが「影が薄い＝オーラがない」という印象になってしまうのですね。

そんなシーンの１つひとつに焦点を当ててみました。

A：「呼吸が不足」している人は、自律神経のバランスの崩れからストレスを感じやすくなったり、集中力の低下でミスが増えたり、筋肉のこわばりから不要な緊張感を感じやすくなり自信のない状態になったりしやすいです。声を出しやすい喉のつくり方や良い姿勢を習慣化するワークを紹介しました。

B：「呼吸と意識の混合」の人は、猫背になっていることで、周りから見ると自信のない人と無意識に判断されたり、猫背による呼吸の浅さから自信がなくなったりするので、座るだけでできる姿勢改善と呼吸法のワークを紹介しました。

C：「視覚の問題」の人は、自分の位置を変えて視覚的に目に入りやすくする超単純なワークです。

DとE：「意識の問題」の人は、モデリング手法です。元気な人のやり方を真似ることで自分の意識に明るさを取り込んでいきます。

F：「生真面目派」の人は、マイルールを緩めましょう。あいさつで大事なのは、ジッと目を見ることではなくて、相手の耳と脳に声を届けること。誰に言っているのか分かるように相手の方向に向かって言うようにします。

このように、それぞれの問題の本質を守るだけで解決できるのですね。

人間関係編

ついつい誰かのせいにしてしまう

友

ラッキースイッチ！ 押してみよう！

ワークの進め方

親、家族や仕事仲間、友達に恵まれないから「ついていない」「なにやってもうまくいかないんだ」と感じて不満だったり、残念に思ったりするときにやってみましょう。
最初に胸に両手を置いて、その手に向かって次の順番に声をかけていきます。

① **どんな時に、ついていない、うまくいかないのですか？**
　　例：いつも通りに家を出たのに電車やバスが遅れて、会社や学校に遅刻した。忙しい朝に洗濯機が故障して洗濯ができない。次男に生まれたから、大学はお金のかからないところにしろと言われた。

② **誰のせいでそうなると思っていますか？**
　　例：電車、バスや運転手さんのせい、洗濯機のせい、親のせい。

③ **本当は、どんなふうに「ついている」「うまくいく」ようになりたいですか？**
　　例：偶然、遅れたバスや電車がタイミングよく目の前にきてい

134

Chapter4／ポジティブタンクワーク集

つもより早くついた。洗濯機が故障したけれど、偶然に先輩から洗濯機をもらって欲しいと言われた。次男だが、奨学金がもらえて行きたい学校に入学できた。

④ ③のようについていたり、うまくいくとき、どうしてうまくいったのだと思いますか？　どんな行動、接し方、声かけや気遣いをしていると思いますか？
例：少し早めに余裕を持って家を出ていたから、気持ちが落ち着いていた。「洗濯機が壊れて困った〜」と明るく仲間につぶやいたら、仲間が先輩に声をかけてくれた。元々、自分の力で大学に行くつもりで受験勉強ができていた。

⑤「そうなんやね！」と朗らかに楽しそうに声かけをしましょう。
そんな「つき」を呼び込む、行動、接し方、声かけ、気遣いに「ラッキースイッチ」と名前をつけます（ポジティブな別の名前でもOK）。

ラッキースイッチ

⑥日常生活の中でいつどんな「ラッキースイッチ」を押すかをノートやスケジュール表に書いてみましょう！

　　例：出かけるときは30分余裕を作っておこう！　普段から周りの人に上手に頼ろう。その分、仲間が困っているときは何か手伝えないか考えて動こう。やりたいことや達成したいことがあったら自分が何をできるかを最大限考えて動いてみよう。

⑦1日の終わりにノートやスケジュールに書いた通りに「良いことが起きた」「ついている」「いい人と巡り会えた」ときには、ラッキースイッチを押した自分の素晴らしさを書き入れましょう！

> **得られる結果**
> 運に恵まれ、「ラッキー」体質に変わっていきます。

Chapter4／ポジティブタンクワーク集

ちょこっと解説

何かうまくいかないことがあったときって、ついつい「〇〇さんがそう言ったから」「人のせいにするわけじゃないんですけど」、時には「自分のせいだって、分かってはいるんですけど」なんて言葉で「誰かのせい」にしてしまうことは、良くあることですよね。小さいときは特によくあったのではないですか？

中には、「人のせいにするな」と親や先生に叱られた方もいるかもしれませんね。でも、ちょっと待ってください。

実は、人のせいにすることって本当は悪くないのです。

なぜなら、「人のせい」にしてしまうというのも、自虐的に「何もかも自分のせい」と思い込んでしまうのも脳にとっては、全く同じこととして扱われる出来事なのです。

それは、物事を直視するのが怖い、本当の理由に気づいて傷つきたくないときの反応で、心理学者であるフロイトのいう防御規制です。あえて、ほかの問題に目を向けて事実・本質から目をそらすことで心を守っているのです。

ワークでは、その状態から**自分の日常は守る必要のない、安全な状態がたくさんあることを見つけ、さらにラッキーなことがたくさんあると実感できるワードに変えます**。そうすることでラッキースイッチを押せる自分になり、いつでもラッキー体質に変わることができると自信がつくのですね。

137

人間関係編

誰も自分のことを分かってくれないと思う

主役は私！　オープンハートプチRPG

ワークの進め方

仕事や家族と過ごす日常の中で「そんなこと、言ってないのに」「そんなことが言いたいわけじゃない」「誰も分かってくれない」そんなジレンマを感じたときにやってみましょう。

① 【設定】あなたの物語を作ってみましょう。

　あなたは、あるRPGゲームの主人公です。ゲームのラストは決まっています。感動のラストのシーンは、あなたが登場人物の皆さんに向かって「こんなに私のことを分かってくれてありがとう!!　ゴールできたのはあなた達のおかげ！」と高らかに叫び、両手を拡げて満面の笑顔でいます。

② 【起：物語の始まり】物語の脚本を書いていきましょう！

　主人公のあなたは、どんな人ですか？　そして、どんなときに「誰も分かってくれない」と感じたのか、現実の思いをいつ、どこで、誰が、なにを、そして、その結果どんなことがあったのかを書きましょう。

　例：あるところに気の小さな女の子（あなた）がいました。その子の名前は○○です（あなたの名前）。○○ちゃんは、

お友達と話をしているとき自分の言ったつもりのないこと
で「そんなことをいう○○ちゃんは、優しくない」と言わ
れて傷ついていました。

③【承：現状の説明】

あなたは、これまでそんな思いを解決するためにどんな努力を
してみたのでしょう？

例：そんな○○ちゃんは、そんなとき「そんなこと言ってない
　　よ、もっと○○のことを分かってよ！」と一生懸命に訴え
　　ています。が、周りの人は、なかなか分かってくれません。

④【転：クエスト（クリア課題）】

そんな日々を送っているとき、道端で見知らぬお姉さんにこん
なことを言われます。「あなたは、本当の気持ちをちゃんと言葉
にしている？」「今日は、これまで言ったことのない本音を3人
に打ち明けてみてごらん」

そのお姉さんが、とても優しく言ってくれたので信じてやって
みることにしました。

あなたの本音はどんなことでしょうか？　③の言葉から本当は
どうして欲しいのかを「本当は○○したい、して欲しい」とい
う感じで考えてみて下さい。思い浮かんだら3人の人の顔を思
い浮かべて、その本音を物語の中で伝えてみましょう。

例：本当は、Aさんのように仕事をしたいけど苦手なことや分
　　からないことがあってうまくできないの。本当は、Bちゃ
　　んと仲良くしたいからこのことをやって欲しいと思ってい
　　る。Cさんとは、もっと仲良くなりたいからもっと優しく

話してほしいって思っている。

⑤【結：エンドステージ】

最終ステージです。今度は、現実の世界で④で書いた本音をその人の方を向いて、つぶやいてみましょう。相手の返事に期待しないでただぼそっとつぶやくことが大事です。一つクリアするごとにしっかり喜んでください「言えたね！　すごいね！」という感じです。

1週間、1か月の間に自分自身や周りの人に少しずつ変化が現れます。エンディングに近づいている証拠です。しっかりと嬉しさを噛みしめてまずは、自分自身に「頑張ってきたね！　えらいよ！　ありがとう！」と感謝の言葉を伝えます。

そして、ラストのセリフです。

感動のラストのシーンは、あなたが登場人物の皆さんに向かって「こんなに私のことを分かってくれてありがとう!!　ゴールできたのはあなた達のおかげ！」と高らかに叫び、両手を拡げて満面の笑顔です。さあ、ラストへLET'S　Go!

得られる結果
人間関係が良好になり、色々な協力者が増えていきます。

Chapter4／ポジティブタンクワーク集

ちょこっと解説

人には「分かって欲しい」「認められたい」と思う欲求が必ずあります。カール・ロジャーズ（人間中心療法の創始者）は、人間というのは他人から認められ、理解されることが個人の自己概念を形成し、ポジティブな自己成長を促すために不可欠だと述べています。認められることで自分らしさを作りあげ、成長できるということですね。
ところが、「分かってくれ！」と言えば言うほど、理解されない経験をした方は多いのではないでしょうか？　これは、相手が他人の心が分からないのではなくて、どんな人でも他人の気持ちを理解することはとても難しいのです。
どうして欲しいのか分かって欲しいとき、その分かって欲しい本音をさりげなく口にして、相手にヒントを与えることが大事です。
ワークでは、まずはこのオープンハートをノートに書くだけ。そして、次に相手の方を向いてぼそっとつぶやくという正面から向き合わない方法で、本当の気持ちや望みをゲーム感覚で伝えていくことで理解してもらうきっかけをつくります。気がつくと自分の心も軽くなり、認められて成長できて感謝までできる結果につながるのです。
また、物語をつくることで、普段向き合えない自分の本音部分を客観視することができるのです。
このプチRPGは、本当は3か月講座で行うのですが、今回は特別編のプチバージョンです。必要な効果はしっかり得られますので安心してくださいね。

人間関係編

私ってダメなひと、嫌なやつだと思う

原石さがしの旅へ行こう！

ワークの進め方

私ってダメだな〜、嫌なやつだ、ちっとも優しくないし、人の気持ちがなんか分からない気がする、自分勝手でわがままなのかも、頭が悪い、役に立たない。こんなふうに自己評価を低くしてしまっているときにやってみましょう。

① **ノートを用意し、ノートのページを半分に折ります。**
　それぞれのつらい評価、低い評価をどんなときにそう思うかを含めて感じているすべての低評価な出来事をノートのページの左半分に書き出します。
　例：私ってダメな人、やるべきことをちゃんとできない人。

142

Chapter4／ポジティブタンクワーク集

② 今度は、どんな行動をしたり、どんなことを言えると高評価
な人になるのか、できている人は、どうしてできてると思う
かを右半分に書きます。

例：やるべきことをちゃんと自分でできる、やる日を決めてい
る、できないことは人に相談しているなど。

③ 次にすることが一番大事です。②に書いたことを何度も読ん
だり、口にしてください。そして、自分の頭の中や心の中に
②の知識や思いがちゃんと準備されていること、自分の中に
その知識や思いが入っていた（内蔵されていた）ことをしっ
かりと噛みしめてください。

④ 噛みしめたときにどんな感情を感じたか②で書いた、できて
いる人のできている理由の下に書きましょう。

例：自分にもできるかも、と少し心が軽くなった。○○さんに
相談してみようかなと思う。

得られる結果
自尊心が満たされることで、自分を愛する気持ちや自
己重要感が育ちやすくなります。

ちょこっと解説

「愛」の反対は「無関心」という言葉を聞いたことがありますか？
実は、人は関心のないこと、つまり「自分の中に価値がある」と感じていないものに関しては反省もしないし落ち込みもできないのです。
ということは、できないと感じたり、自己否定したりするときの比較に使う「素敵な人や行動、発言」は、自分にないものだと思い込んでいますが、本当は、自分の内側に内蔵されていて、まだ使っていないだけの宝物だということです。
宝石の原石のように周囲にいらない言葉や思いがコーティングされているので見落としやすいだけなのです。
このワークで内側にある「言葉、思い」に気づいていくだけで、ポロポロとネガティブなコーティングが剥がれていき、あなたの素敵な思いが磨かれて、「自分にもできるかも」や「自分って、こんなことを考えられる人なんだ」と**自分を尊重する気持ち、自分は価値ある存在だと認める気持ちがどんどん育って**いくようになるのです。

Chapter4／ポジティブタンクワーク集

家族編

友

子どもを愛したいのに
どうしても好きになれない

小さな自分ワーキング

ワークの進め方

子どもと一緒に過ごす時間、手のかかるお世話をするとき、
子どもの成長を感じたり、他のパパ、ママとの交流時などに、
他の人と違って「子どもに愛情を感じられない」「親として
の喜び、充足感を得られない」と悩んだりするときにやって
みましょう。

① まずは、次のどれかに当てはまるかチェックしてみてくださ
　い。
　　☑ 産後３か月〜１年以内ですか？
　　☑ お世話で疲れやイライラを感じていますか？
　　☑ 理想と、現実との間にギャップを感じていますか？
　　☑ 健康問題（精神的なものや身体的なもの）がありますか？
　　☑ うまく関われていない絆のなさを感じていますか？
**３つ以上当てはまるときは、ワークの前に専門家をおたずねく
ださいね。**子どもへの愛情を感じられないときに比較的多いの
は、産後やストレスのたまりすぎでホルモンの分泌が過剰になっ
たり、不足してしまったりすることが原因の方がいるのです。
心の問題ではなくて、身体の問題なので例えば産後ケアの専門
家、カウンセラー、子育てサポートグループなどに頼るのが大

事になります。それ以外の方は、ワークに進みましょう。

② **セルフケアは次の３ステップです。**

STEP 1：確認　今のお子さんとご自分の関係性と、自分の小さい頃の自分と親の関係性は似ていますか？　それとも正反対ですか？　答えがどちらでも、今、目の前に幼い頃の小さな自分がいると想像してみてください。できるだけ小さいときを想像しましょう。

STEP 2：お話　小さな自分に優しく声をかけます。

関係性が似ていると思うとき→「そう思うのね。それで、何を思い出しちゃうの？」と聞きます。

出てくる答えに対して「そっか、そうなのね。そのときにどんな気持ちがしちゃうの？」と答えをすべて受け止めて、なんでそう思うのか、しっかりとその子が満足するまで聞いてあげましょう。

　例：楽しく遊んでいたのに急に「うるさい！」と親に叱られたときを思い出す。そのときに、胸がギューッと苦しくなったし、なんで？　どうして怒られるの？　と分からなくてイライラした。だからね……。

関係性が正反対だと思うとき→「何が違うと思うの？」「本当はどうしたかったって思っているの？」と聞いてみましょう。出てくる答えは、その子がもういいと思うまで思いを全部聞いてあげましょう。

　例：自分は、とても静かで、いい子にしなきゃって思っていた子だったから、親の手をわずらわせたり、はしゃぎまわることなんてしなかった。本当は、元気に走り回ったり

キャーキャー遊んでみたりしたかった。それでね……。

STEP 3：解放！　どっちの小さな自分でもすべて聞き終えて、小さな自分の気持ちが楽になったと感じたら、「何か（想像の世界で）やってみたいことはある？」と質問します。出てきたことをすべて叶えてあげましょう。

例：遊園地に行きたい！　飛行機に乗りたい！　死んだパパに会いたい。お絵描きがしたい。世界一周がしたい。

＊想像の世界では何でもできるのですべて叶えてあげましょう。ご機嫌になったり泣き止んだら、さよならしましょう。

得られる結果
子どもへの見方が優しくなります。

ちょこっと解説

少し深い話になりますが、子どもを愛せない、好きになれない人には2つの事情があることが多いのです。1つ目は心身の問題でホルモン分泌過剰や不足で感情が左右されてしまうこと。2つ目は、無意識に内側に居続けている小さな自分の目線、考え方、傷ついた記憶を強く感じていること。

3～5歳の幼いままの視点や考え方や傷ついた思いを抱えながら良い親をしようとするので無理が重なり、失敗も多く感じてしまい、毎日毎日頑張るほどにつらくなるのですね。

そう、つらいのは頑張っているからこそ、頑張りたいと思っているからこそなのです。

Chapter4／ポジティブタンクワーク集

どうして、そんなに頑張りたいのでしょう？

もしかしたら、本当の大人のあなたは、目の前の子どもへ愛情や労わりたい気持ちがあって、頑張りたくなっているのかもしれません。なのに、結果的に愛せてない、労われない自分が嫌になっているのかもしれません。

このワークで、自分の中にいる「小さな自分」をとことん癒すことで、内側にいる自分が成長して「大人の自分」に近づいていき、お子さんへの目線が変わっていき、関係が楽になれるのです。本当は、お子さんの問題ではなくて親である自分の内側にいる過去の小さな自分の問題だったということなのです。いくつのお子さんでも、効果は同じですからやってみてくださいね。

家族編

家族の中で自分だけ損している気がする

できるのだーれだ？ ゲーム

ワークの進め方

ごはんづくりに、洗濯、掃除に、買い物……数え上げると、きりのないくらい「自分ばっかり、やっていて損している！」そう思うときにやってみて欲しいワークです。

① ワークは家族みんなで取り組みます（一人で、皆が居ることをイメージしてすることもできます）。

　好きな色の画用紙を１枚と、家族分の色紙を各４枚ずつ用意します。誰がどの色かを決めます。画用紙を縦に置いて真ん中に縦に線を引きます。色紙は、丸く切っておきます。

② 画用紙の左半分に家事や役割を皆で話し合いながら書き出していきます。人数分×４個の家事・役割を書きます。

　例：食事をつくる、買い物をする、洗い物をする、洗濯機を回す、洗濯物を干すなど。

③「色紙を早く貼った人に選ぶ権利があります！」と声をかけて１つずつ「できるのだ〜れだ♪」とゲームのように楽しいトーンとテンポで、自分でできると思う家事の右側に色紙を貼っ

Chapter4／ポジティブタンクワーク集

ていきます。
ルールは以下です。
●色紙が早くなくなった人がチャンピオン
●誰も貼らないときや、できる人が重なったときは話し合う
●怒ったり退席したりすると、他の家族がその人の役割を決める
●1回だけ誰かに役割を変わってもらえる
●できないけれどやってみたいときは誰かにお手伝い役を指名できる

得られる結果
家族皆が家事の分担や協力が楽しくなります。

ちょこっと解説

家事をするのは、いつの間にか「ママがする」「パパは手伝う」「子どもは、やりなさいと言われてする」ことが多くないでしょうか？　そうすることで、「家事＝嫌なこと」というイメージができ上がってしまいます。
人は、正しいことでも楽しくないことや人に決められたことは、やりたくない生き物です。
ですので、まずは小物を用意したり、色々な色を使ったりすることで楽しくゲーム感覚で、役割を決めることができるのです。正しくより、楽しくが皆大好きなんですね。

家族編

友

家にいると楽しくない
（帰りたくない症候群）

ポイポイ・ポンデちゃん！

なんとなく「家に帰りたくない」「家にいても楽しくない」
と感じてしまうときにやってみましょう。

ワークの進め方

① まず、左手にポンデちゃん（ポンデリ○グ風のドーナツ）を
持っているところをイメージしてください。チョコ付きでも
プレーンでもなんでも好きな設定で大丈夫です。

② そのポンデちゃんの一玉をちぎり、ながめながら「何が嫌な
の？」と自分に聞いていきます。

例：帰っても笑顔がない、たいくつなど。

③ 今度は、そのちぎったポンデちゃんに名前をつけます。

例：笑顔なし子ちゃん、たいくつ王など。

④ ポンデちゃんの名前を呼びながら、口にポンっと放り込みま
す。気になってることをむしゃむしゃ！　と勢いよく食べてし
まって断捨離をするイメージです。

⑤ 1つ食べるごとに「よ〜し、食べてやったぜ！」とドヤ顔を

Chapter4／ポジティブタンクワーク集

決めましょう。気になることがなくなっても、まだ残っているポンデちゃんは「おいしい〜、幸せ！　帰って何しようかな？」と思いながら食べつくしましょう。イメージで構いません。

⑥ だんだん、ばからしくなってくるのでポンデちゃん遊びをやめてお家に帰りましょう。

得られる結果
気分転換が上手になります。

ちょこっと解説

なんとなく「嫌」とか「気が進まない」というときは、そんなに深刻な問題ではないけれど、日々の気になっていることや小さな不満が溜まって、したくないという気分をもたらしていることが多いものです。つまり、明確な問題ではなく、得体の知れない気分の問題が多いということです。
このワークでは、ポンデちゃんという形のあるものに例えてポイ！　ポイ！　とテンポよく口に入れて食べてしまうというアクションとイメージ（ごっこ）をすることで、その原因を食べてなくしてしまいます。嫌な気分も同時に自分で軽やかに能動的に解消したという感覚が味わえます。
その結果、しっかりと気分転換ができてしまうのですね。

仕事・お金編

友 慣

仕事は
日々こなしているだけ

五感設定ワーク

ワークの進め方

仕事も家事もなんとなくこなしているだけで、ただ、時間が
過ぎていくのを待っているなと思うときにやってみましょう。

① 起き抜けか、出社直後にやってみましょう。今日は、どんな
仕事や予定があるかを考えます。

例：資料を 2 種類作る。衣替えをする。

② どの予定で、どんなことをするかを具体的に考えます。

例：パソコンでテキスト入力して表も挿入する。家族全員の夏
服を秋冬の服に入れかえて、夏服はクローゼットにしまう。

③ 状況を設定します。

例：パソコンでテキストを入力するとき「誰のために、どんな
工夫をしようか？」と考える。夏服を片付けるとき、誰のため
にどんなことを思いながらするかを考える。

④ 五感を設定します。③のように考えたり、思ったりしながら
仕事や家事をしてやり終えたら、誰が喜びますか？

例：プレゼンする取引先が「これいいね！」と喜ぶ！　夫と子どもたちが服を選びやすくてニコニコしてくれるね。

⑤ **行動後の気持ちの変化はどうですか？　その人が喜んだらどんな気持ちになりますか？　また、自分の気持ちを感じてどう思いますか？**
例：取引先が喜んでくれて、うれしい。夫と子どもがニコニコしてくれて、うれしい。

得られる結果
仕事のプロセスや成果を喜んだり楽しめたりできる。

使う言葉によって「紐づいている感情」が違います。ネガティブな言葉、例えば、ダメ、できないなどは嫌な感情と紐づいています。「こなす」という言葉も、本来は「責任をもってうまく処理する」という意味ですが、現代では適当にするや、ただやるだけという意味で使われやすいため、やる気のない感情を引き起こしやすくなっています。このワークは、仕事や家事をする意味と誰が喜ぶかを意識しながら行うことで、そのプロセスにも良い意味を持たせられます。

また、自分や周りの人の良い感情を呼び込める素晴らしい行動ができる、またはできたという自己肯定感が高まります。当然、気分良く丁寧に仕事や作業ができるので効率や成果もよくなっていき、よい経験にもつながっていきます。

仕事・お金編

仕事は「食べていくため」でやりがいがない

1文字違いで大違い

ワークの進め方

やりたくてしているわけじゃない、お給料をもらって生活するために仕事をするだけ、とやるせなく思うときにやってみましょう。

① **自分の今の仕事や人生を、お料理のレシピに例えてみましょう。**

　ご自分の人生は、レシピ通りに料理を作るようにでき上がってきたと思いますか？　誰かによって決められた手順と材料で確実に美味しい結果を目指す、そんな生き方でしょうか？

　それとも、あなたの今の仕事や人生は「和風でも洋風でもない創作のお料理」に近いですか？　基本のレシピを参考にしつつも、自分の好みやその時の気分でアレンジを加え、楽しみながら料理をしているような生き方でしょうか？

　あなたの理想の仕事や生き方はどちらが近いですか？

② **どちらに近くてもこんな風に振り返ってみましょう。今の仕事や人生の生き方をご自身が「楽しい！　達成できて嬉しい！」と思えていますか？　それとも、思えないでしょうか？**

Chapter4／ポジティブタンクワーク集

③ 楽しいなら、今の仕事や生き方を本当は好きなのではないでしょうか？
　楽しくないなら、「理想の仕事や生き方」に近づいていってみることを考えてみませんか？

> **得られる結果**
> 新しいやりがいを見つけるのか、もう本当は見つかっているのかが分かるようになります。

ちょこっと解説

今回は「ライスワーク」と「ライクワーク」について考えてみてもらいました。レシピ通りのライスワークと自分らしく新しく創造していくライクワークの2つについてです。
やりがいのある仕事をしたいと思うほどに、今の仕事への不満や不安がつのる方は多いのかもしれません。
ただ、気をつけていただきたいのは、すでにライクワークに従事していても、忙しさや体調や焦点のズレでライスワークだと勘違いしてしまうことがあるのです。
このワークでは、あなたにとっての今の仕事の本当の意味について質問を投げかけるので、どちらなのか気づけてしまうのですね。

仕事・お金編

大切なのはお金じゃないが口ぐせで、お金に恵まれない

お金と品よく仲良くなるワーク

ワークの進め方

「世の中お金じゃない」と思うものの、「生活を成り立たせるには、お金は必要」という矛盾を感じているときにやってみましょう。

① 口ぐせの分析をします。この質問に答えてください。「どうして、大切なのはお金じゃない」って思うの？
   例：時間、人間関係、健康、自己成長など他にもっと大事なものがあるから。

② 他の大事なものがあれば、お金がなくても色々なことすべてが大丈夫になりますか？
   Yesと答えた方：では、お金のない人生をどうぞ。
   Noと答えた方：では、どう言い直ししましょうか？

③「お金は必要」と思う理由は、どうしてですか？
   例：生きるためにも、休暇を満喫したり人と交流したりすることにもお金は必要だから。

Chapter4／ポジティブタンクワーク集

④ 提案をします。お金も他のすべてのものも必要なものは、必要なだけいつでも手元に引き寄せられていいと思えますか？
YES と答えた方：普段からこのセリフを口にしましょう。
NO と答えた方：いらないものは何ですか？　いらなくないなら、口にしないように気をつけましょう。

得られる結果
お金とバランスよく仲良くできます。

ちょこっと解説

お金だけがすべてではないのは事実ですが、世の中に必要なものの中にお金も入ってよいものですし、実際必要不可欠ですよね。照れ隠しでも、謙虚に振る舞うつもりでも、「大切でない」「いらない」「なくていい」そんな言葉を使ってしまうと、脳は言葉のまま正直に受け取って現実化しようと努力を始めます。

実は、目の前にあるお金だけがお金ではありませんし、誰かが何かを叶えたくなったときに世の中にあり余る「お金」が必要なところに自然に流れて来るのです。

そのときに「いらない」なんて言ってしまうと叶うべき夢も叶わず、助けてあげたい誰かも助けてあげられないかもしれません。ですので、**①世の中にあるお金は、必要なときに必要なだけ必要な人のもとに来るし②自分と周りの人のために使えるし③いつも正しく受け取って、使うことができる。**

そんな言葉を口にしておくようにすることで、とっても品の良いお金とのつき合い方ができるのですね。

おわりに

　本書を最後までお読みいただき、ありがとうございます。

　正直に言うと、私は小さいころ「自分が嫌いで、暗い子」でした。でも、心の中では「本当は友だちがたくさん欲しい」と思い続けていました。そうした自分の気持ちと向き合ううちに、自然体でいることの難しさや、ありのままの自分を受け入れる大切さに少しずつ気づいていったように思います。

　そして看護師として多くの患者さんと関わる中で「言葉が人に与える力」と出会い、次第に、さまざまな感情を認め、受け止めることがどれほど大切かを実感しました。

　この本を通じて伝えたかったのは、「ネガティブでもいいんだよ」「心の中にどんな感情があってもいいんだよ」ということです。
　私たちは誰でも、ときには暗い気持ちやネガティブな感情にとらわれますが、それをそのまま受け止めることで、心が軽くなり、ありのままの自分を好きになる一歩が踏み出せるのです。

おわりに

　本書のワークを通じて、その一歩一歩を無理せず踏みしめ
ていただけたら嬉しいです。

　あなたが自分に優しく、そして毎日を自由に生きられるこ
とを心からお祈りしています。
　どうか、あなたらしいペースで、少しずつ、幸せに近づい
ていってください。
　心からの感謝と応援を込めて。

2024 年 12 月

　　　　　　　　　　　　　　　　児玉　ゆかり

書籍ご購入特典

＼ 著者が特別な"あなた"にお届けします！ ／

本当に役立つ！
毎日をもっと楽しくするための
「やさしいわたしノート」
プレゼント

『「でもでもだって」ちゃんの成功法則』を
ご購入いただき、誠にありがとうございます。
皆様への感謝を込めて、本書では書ききれなかった、
毎日をもっと楽しくするための「やさしいわたしノート」を
特典としてプレゼントさせていただきます。

特典は下記QRコードからダウンロードできます。
あなたの毎日をもっと楽しく、心地よく過ごせるよう、
ぜひご活用ください。

著者プロフィール
児玉ゆかり（こだま・ゆかり）
株式会社上昇志向デザイン研修室 代表取締役
ほめ育コンサルタント

兵庫県西宮育ち。幼少期から人見知りで会話の苦手な子どもだった。
看護師として40年にわたり、脳の病気を持った方や難病患者のべ約34万人と接する中、「どんな状態でも響く言葉」があることに気づき、言葉が心を動かす力を研究。
患者の心理に深く響くコミュニケーションを探求し、看護学校で3,000人以上の学生に「信頼されるコミュニケーション術」を指導。
2013年に独立した後、20,000人以上の経営者や個人事業主を支援し、現在は「ほめ育」研修を通じて人材育成や組織力強化、職場環境改善に尽力している。
「ネガティブでもいい」「ありのままでいい」という自分を受け入れる姿勢を大切にし、誰もが持つ内なる力を引き出す実践法を提案。自由で充実した人生を楽しむための実践的なヒントを伝えている。

ホームページ　上昇志向デザイン研究室
https://jyosyosikou.myshopify.com/

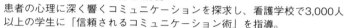

装丁デザイン／宮澤来美（睦実舎）
本文イラスト／keika
本文デザイン・DTP／白石知美、安田浩也（システムタンク）
校正／株式会社BALZ
編集／小関珠緒、蝦名育美

「でもでもだって」ちゃんの成功法則

初版1刷発行 ● 2024年12月25日

著者
児玉ゆかり

発行者
小川 泰史

発行所
株式会社Clover出版
〒101-0051　東京都千代田区神田神保町2丁目3−1　岩波書店アネックスビル　LEAGUE神保町 301
Tel.03(6910)0605　Fax.03(6910)0606　https://cloverpub.jp

印刷所
日本ハイコム株式会社
©Yukari Kodama 2024, Printed in Japan
ISBN978-4-86734-237-4　C0030
乱丁、落丁本は小社までお送りください。送料当社負担にてお取り替えいたします。
本書の内容を無断で複製、転載することを禁じます。

本書の内容に関するお問い合わせは、info@cloverpub.jp宛にメールでお願い申し上げます